Caminhos e Memórias de Um Geógrafo

João Marcio Palheta

GeoDigital
Belém – 2020

João Marcio Palheta

Editora GeoDigital

Editor de Publicações: Christian Nunes da Silva
Gerência e preparação do texto: Joyce Caetano
Revisão: Gustavo Saldivar
Diagramação e Capa: Anderson Reis

Todos os direitos para GeoDigital

Dados Internacionais de Catalogação na Publicação (CIP)
(Câmara Brasileira do Livro, SP, Brasil)

Palheta, João Marcio
    Caminhos e memórias de um geógrafo [livro
eletrônico] / João Marcio Palheta. -- 1. ed. --
Belém, PA : GeoDigital, 2020.
    PDF

    ISBN 978-65-00-08968-4

    1. Ciências humanas 2. Geografia 3. Geógrafos -
Brasil - Biografia 4. Palheta, João Marcio I. Título.

20-44266   CDD-923.90981

Índices para catálogo sistemático:

1. Brasil : Geógrafos : Biografia   923.90981

Maria Alice Ferreira - Bibliotecária - CRB-8/7964

Índices para catálogo sistemático:
Os conceitos, declarações e opiniões emitidos nos manuscritos são de responsabilidade exclusiva do (s) autor (es).

À minha mãe Lucimar, irmãos Ana, Rita e Bosco, *in memoriam* do meu pai João, e, especialmente aos meus três filhos Enzo, Tarso e Noah. ***"Vivemos contradições, divergências, saltos, quedas, alegrias, choros e desânimos, mas nunca, nunca devemos deixar de acreditar na ciência e na possibilidade de que nossas pesquisas e atitudes são partes de nossa felicidade intelectual e pessoal, com respeito, seriedade e competência, sem nunca deixar de acreditar no ser humano e na universidade pública". (João Marcio Palheta)***

SUMÁRIO

APRESENTAÇÃO

Começar a escrever é sempre uma tarefa desafiadora, e sobre sua própria trajetória na academia, mais ainda. Lembranças, sorrisos, tristezas, pessoas, lugares, desafios, família caminhos que seguimos e memórias que vão se formando ao longo da vida. Mas sorrir do que fiquei triste! A vida é um grande e maravilhoso aprendizado, são tantos caminhos que não conseguimos mais parar de seguir essa linha tortuosa do tempo e do espaço. Nostalgia e saudade inexplicáveis sentimentos que nos acompanham nos rios amazônicos do conhecimento.

Olhamos e sentimos os desafios e a vezes não acreditamos que possamos superá-los, e transformamos em possibilidades. A vida é uma hipótese refutada ou confirmada! Os nossos problemas são testados sempre e nossos objetivos são paralelos emocionais. Traduzir em palavras a vida, o ensino, a pesquisa e a extensão em páginas é o caminho que sigo nos últimos 29 (vinte e nove anos) como aluno, e servidor público da Universidade Federal do Pará (UFPA), na Região Norte do Brasil.

Esse relato aqui apresentado é sobre uma das formas de expressar o breve comportamento de uma carreira acadêmica como professor de uma universidade na Amazônia. Passados anos de trabalho pela instituição e o que as experiências e possibilidades que o estado brasileiro proporcionou nessa trajetória, vem me acompanhar em parágrafos que aqui expresso, nessas páginas desse livro. Sim, o apoio público foi e é fundamental aos pesquisadores que se dedicam à ciência brasileira. Como Cientista Social agradeço as agências de fomento CNPq e CAPES do Governo Federal instituições importantes aos cientistas brasileiros.

Esse breve relato da experiência acadêmica é uma boa trilha para repensar as minhas caminhadas, pela aventura científica do conhecimento humano e pelos novos horizontes e desafios que passam a fazer parte, desse momento na continuidade da busca do aprendizado nas pesquisas, nos ensinos e nas extensões da vida de um professor universitário. Um breve desabafo pelas interpretações dos espaços geográficos das pesquisas e das caminhadas e dos sonhos por uma sociedade socialmente mais justa. Boa leitura aos que resolverem ir comigo por essa trilha de interpretações.

João Marcio Palheta

Amazônia/Setembro de 2020

I. INTRODUÇÃO: BREVE HISTÓRIA DE UMA CARREIRA ACADÊMICA

O ano de 2020 é diferente, está nascendo a última etapa da minha carreira acadêmica. Em meio a pandemia do Corona Vírus, comecei a pensar e escrever sobre tudo que ganhei, tenho tudo que sempre quis como docente da Universidade Federal do Pará (UFPA). Recordo que minha vaidade acabou antes mesmo de eu ir ao doutorado, peço desculpas se fui esnobe, e acho que já fui, "metido" no dito popular paraense, na época da graduação, um conjunto de palavras nada agradáveis para mim, ainda bem que estou mudando.

Hoje (2020), quando vejo colegas em disputa na universidade (como se fosse um Coliseu), de um querer ser mais que o outro, lembro do quanto já fui um sem noção também, e esquecer de viver, academicamente, a vida de forma prazerosa, publicar, ler, escrever, sorrir e chorar por prazer. O mundo acadêmico é estranho, hoje para mim, e já vivi tanto esse mundo das cegueiras e das vaidades que, por isso, escrever meu memorial é a melhor lição para minha vida.

Fui desses vaidosos que não vão a lugar nenhum sem levar a arrogância, lembro de minha época de estudante, onde essa arrogância se misturava com ares de felicidades, ainda bem que a felicidade venceu. Não durei muito na fogueira das vaidades, não fazia meu perfil, muito embora, às vezes, para sobreviver nesse mundo de fantasias, a gente precise deixar parecer o que não somos, um erro primordial. Gostaria de pedir desculpa a todos, por essa época sombria em minha vida. Ou, seria um *sem floresta*, para lembrar o lindo filme de desenho animado, que meus filhos Tarso e Noah sempre me fazem assistir.

Como na canção que a Elis Regina cantava, "vivendo e aprendendo a jogar", fui sobrevivendo e seguindo a música de Cazuza, "sem um aranhão". Não sei por que, na universidade, arrumamos nossos próprios inimigos, criamos monstros invisíveis, que deixamos permanecer em nossas vidas, nos dominarem, e vamos viver. Ah! Lá vem o Cazuza me lembrar "meus inimigos estão no poder". Oh, época difícil, graças aos amigos de verdade "a amizade sincera é um santo remédio, um abrigo seguro", já dizia Renato Teixeira, escutei a voz da experiência e descobri que "as flores de plásticos não morrem". Bons tempos quando os Titãs vinham à Belém, economizava para assistir aos shows. Já como professor, uma vez, fui assistir a um show e subi na mesa, para cantar as músicas do grupo. Na segunda feira, ao ministrar aulas, escuto alguém da turma dizer "quem o vê assim, nem imagina que ele sobe na mesa e canta".

Houve um tempo que fui tão chato, vivia criticando todos os programas que assistia, como se eu fosse o maior crítico especializado em tudo, nossa, como fui chato. Graças ao tempo que foi passando, não sinto saudade dessa época, só arrependimento, devia ter vivido e, como na canção dos Titãs, "aceitado as pessoas como elas são", como é bom recordar para não repetir esses passos de ignorância acadêmica, dentro e fora da UFPA. É, a partir desse movimento de repensar tudo, que escrevo meu Memorial Acadêmico, mas, tentar a ***Classe E de Professor Titular*** na UFPA é uma volta para nunca mais esquecer quem fui e quem sou, hoje!

Escrever é uma arte, não sei se sou um bom artista nesse palco, e, em meio a pandemia do Corona Vírus, mais ainda. Meu desafio aqui não é escrever com toda rigidez de um artigo científico, de uma dissertação de mestrado ou de uma tese de doutorado, mas é muito difícil olhar para trás e tentar realizar sua própria interpretação na caminhada acadêmica. Assim, vou caminhar entre os anos de 1991, quando entrei como aluno do curso de Geografia da UFPA e o ano de 2020, como professor Associado IV.

Como é difícil escrever sobre si mesmo, nunca pensei que seria uma tarefa fácil, mas também, não tão difícil, sem ter por onde começar. Fui ler vários exemplos de como era escrito um Memorial Acadêmico, fui ler livros, solicitei ajuda para alguns amigos, para tentar escrever o meu próprio, para ascender a última classe de nossa carreira acadêmica. Uma dessas visitas está na rede mundial de computadores, li artigos belos sobre a escrita.

Na procura da luz inspiradora, encontrei um artigo que fazia a citação do livro de um dos maiores nomes da literatura do terror, *Stephen King* (2015), achei interessante e fui atrás do livro "Sobre a Escrita: a arte em memória". O livro é um bom sinal de como deixar a escrita sem a amargura dos textos acadêmicos, não estou aqui dizendo que sou contra os procedimentos metodológicos que cada um escreve, mas como é chato ler sem emoção, sem vida e sem a felicidade das palavras. A obra de King ajudou-me a repensar muito do que havia escrito. Não sei se deixarei de ser chato, mas estou tentando. Embora, em muitas passagens desse memorial, deixo a leitura pesada nas voltas ao que escrevia no passado.

Depois de 29 anos na vida acadêmica dentro da instituição UFPA, dos quais 23 como professor da Faculdade de Geografia e Cartografia, do então Centro de Filosofia e Ciências Humanas (CFCH), hoje Instituto de Filosofia e Ciências Humanas (IFCH), fui rever toda minha trajetória e, a pensar nesse curto e longo caminho como docente numa universidade pública na Região Amazônica. Fiquei por quase três meses olhando para minha trajetória e meu "*Bendito Lattes*", e nada de inspiração.

Parei e fui ler outros livros, com temas variados, para ver se vinha uma luz, ideais para as cenas dos próximos capítulos. Parei e fui terminar de ler o livro que o Dr. Roberto Vilar me emprestou para ler, "Uma Breve História do Mundo", de Geoffrey Blainey (2015), uma viagem às trajetórias das civilizações. Parei para olhar o tempo e as leituras, para que me ajudasse a perguntar, para mim mesmo, quem sou eu nessa caminhada acadêmica, de 1991 a 2020, como solicitado nas normas da instituição, principalmente, destacar o *Curriculum Lattes* dos últimos dez anos. Descobri que jogo tudo fora, quase não guardo nada do que produzi, fui atrás de tudo dos últimos dez anos, que aventura louca, quase me estressei de tanta burocracia. Não sei se sou chato, ou se a burocracia me deixou assim, só sei que, para minha felicidade, passou esse momento de incerteza.

Vinte nove (29) anos se passaram dentro da Universidade Federal do Pará, dos meus anos vividos, passados na universidade, de segunda a sexta. Esse tempo dedicado à UFPA, entre ministrar aulas, palestras, orientações, reuniões, eventos acadêmicos, administração, e tantas funções desenvolvidas por um servidor público federal, me dei conta que a maior parte de minha vida foi dentro da instituição. Ainda bem que existe o "veropezinho", e depois, como toda modernidade, que chega e domina diversos espaços geográficos, como o de uma universidade, o Centro de Convenções Benedito Nunes, para tomar café e conversar com amigos.

Às vezes, até sábado e domingo, quando tinha eventos, eu ia à UFPA, também era um burocrata, sem me dar conta. Parei para refletir, não mais sobre o memorial, mas sobre minhas escolhas, e terrivelmente constatar que estou em crise! Como na canção do Tim Maia, faço minhas suas palavras, "Faz de conta que ainda é cedo, tudo vai ficar por conta da emoção, faz de conta que ainda é cedo, e deixar falar a voz do coração". Mas, vamos tentar continuar, depois de longo tempo refletindo sobre tudo e todos, finalmente, conseguir começar a escrever, quem penso que sou! Solicitei ajuda a Shakespeare, "Ser ou não ser, eis a questão".

Nasci em Icoaraci no estado do Pará, ao primeiro dia do mês de março, do ano de 1968, considerado no livro do Zuenir Ventura (1988), *"O Ano Que Não Terminou"*. Icoaraci, está escrito assim na minha identidade e certidão de nascimento, sinto-me nascido em outra cidade. Icoaraci, hoje (2020) é um bairro da capital Belém. Sou filho de uma dona de casa (nascida em Chaves Ilha do Marajó no estado do Pará), e de um torneiro mecânico (nascido em Igarapé Miri, também no estado do Pará), comigo mais três irmãos, com muito orgulho de minha trajetória. Lembro de coisas e de momentos maravilhosos que vivi quando criança.

Meus pais viajaram quando eu era muito criança, para o Estado do Amazonas, e só por conta de uma grave doença que assolou meu pai, voltei à Belém. Ele, infelizmente, morreu, logo após eu completar 8 anos de vida, foram anos difíceis, mais superados. Lembro, vagamente, das festas do boi de Parintins, das ruas e da alegria da minha família. Minha tia Adélia, que perdi contato, estava sempre sorridente. Perdi contato com ela, assim como com meus primos, que eram nossos parceiros de brincadeiras, nos quintais com jambeiros e goiabeiras, que nos deixavam livres para brincar. Hoje, olhos meus filhos presos no concreto, e sinto como a modernidade me corrompeu. Eu era feliz e não sabia!

Diferentemente de muitos que conseguem identificar, ao primeiro olhar, sua raiz científica, só tenho hipóteses para a ideia de como começou minha paixão pela *Geografia*. Lembro de, quando criança, ter feito a viagem com meus pais pelo navio Lobo Dalmada, de Belém à cidade de Parintins, no estado do Amazonas, Rui Barata tem toda razão, "esse rio é minha rua". Minhas lembranças desse momento e da época que morei em Parintins são raras e, posteriormente, na cidade de Manaus, minha cabeça era uma verdadeira viagem marítima, uma rede de informações geográficas, como se estivesse vivendo as aventuras de *Marco Polo*.

A primeira hipótese, relacionada com a paisagem e informações geográficas, vem com as lembranças do rio, da floresta, do barco, das redes, dos índios, das pescarias de meu pai, do meu avô, que morava conosco - ele veio para o estado do Pará, quando era bem jovem, acredito que como soldado da borracha, vindo do estado do Ceará, no fim do século XIX e início do XX -, e dos peixes fritos que minha mãe fazia, às vezes eram assados no fogão de barro de Parintins e Manaus, das histórias que minha mãe contava, dos amigos e das andanças por essas duas cidades que, mesmo criança, aprendi a amar.

A segunda hipótese é de um livro que encontrei num entulho, perto de onde morava, sem capa, parecia uma enciclopédia, com tantas informações sobre o mundo. Esse momento, em Belém, no ano de 1978, logo após retornar de Manaus, e, após o falecimento de meu pai, estava aprendendo a ler, e nesse livro encontrei os escritos de Júlio Verne, que me encantavam. *A Jangada*, por exemplo, me lembrava os rios e floresta amazônicos, dessa fase de criança. As fotos de outra parte do livro retratavam o mundo com imagens de cidades, pelos diferentes continentes, deixando-me maravilhado, como no filme "UP Altas Aventuras", sentia-me o explorador.

Não sei, mas a Geografia já estava em minhas veias, pelos meus avós migrantes, pelos sonhos de criança. Quando li o livro do Professor Aziz Ab'Saber (2007), sobre sua trajetória de "O Que É Ser Geógrafo", passei a acreditar, mais ainda, nesses momentos de criança. Foram anos de tantas emoções, como na canção do Roberto Carlos, "se chorei ou se sorri, o importante é que emoções eu vivi". Eu adorava cantar as canções do Roberto Carlos para fazer minha irmã mais nova dormir, coitada dela, não sei se a traumatizei com minha bela voz de geógrafo.

Não tinha televisão em casa, que só ocorreu quando completei 18 anos de idade. O rádio era nosso mundo e eu adorava escutar músicas. E, lembro do meu pai ouvindo todos os dias as 19 horas a "Voz do Brasil". Sou apaixonado por rádio e televisão, lembro uma vez em Manaus, eu ainda criança, tomava banho e, no fim da tarde, sentava em um banco que foi feito do outro lado da rua, ficava sentado para assistir televisão, pela janela da casa de uma vizinha, que ficava a aberta, as vezes penso que a vizinha incomodada fechava a janela, o jeito era nesses dias ficar sem ver televisão.

Cresci e cursei toda minha vida educacional em escolas públicas, no antigo primeiro grau no Colégio Monsenhor Azevedo, no bairro da Condor e; meu segundo grau, no Colégio Edgar Pinheiro Porto, com ênfase em Administração de Empresas, também no bairro da Condor. O colégio era mais próximo, pois eu morava no bairro da Cremação, as ruas ainda nem eram asfaltadas, e, na minha memória de criança, tudo parecia imenso. Lembro dos jogos atrás da Igreja de São Judas Tadeu, meu colégio, também tinha influência da Igreja Católica, que fazia a administração interna.

Lembro dos amigos da escola, alguns tenho contato até hoje. Infelizmente, essa vida agitada não me permite ir mais ao encontro desses amigos. Lembro da praça Princesa Isabel, naqueles anos, ainda era possível tomar banho no rio Guamá. Lembro do Palácio dos Bares, que frequentava, já cursando meu segundo grau, para curtir as baladas ao som do rock nacional. As andanças pelo bairro e o mapa ficaram na minha memória, como também os objetos que existiam e onde estavam localizados, lembro até hoje. Momentos de desconcentração são maravilhosos, meu amigo Christian ri quando falo que vou lá na São Jerônimo, ou "lá embaixo", como diz minha amada mãe, e quando apresento meu CIC (CPF).

Assim, cresci e meu gosto pelos estudos, desde criança, foi aumentando. Como trabalhava o dia todo (comecei a trabalhar aos nove anos de idade) e estudava à noite, lembro do cheiro do querosene da lamparina, que iluminava meus deveres de casa. Sempre gostei de ler e meu sonho era entrar na universidade e, numa pública. Enfim, consegui. Na Universidade Federal do Pará (UFPA), passei no vestibular no ano de 1991, no curso de Geografia.

Apaixonei-me pela Geografia de vez, a UFPA era um mundo maravilhoso de conhecimentos, com professores que me encantavam, no então, Centro de Filosofia e Ciências Humanas, hoje IFCH, lembro dos Seminários de Iniciação Científica (PIPES) que participava. Observava professores orientadores, como a professora Maria Célia, Jane Beltrão, Rosa Acevedo, minha querida amiga Maria de Nazaré Sarges (Naná), Edna Castro, Eneida, Angélica e Heraldo Maués. Outros professores, que eu observava seus trabalhos, Sônia Magalhães, Lúcio Flávio Pinto, Jean Hebette e tantos outros, que hoje tenho a honra de ter como amigos, conhecidos e colegas na UFPA.

Comecei minha trajetória como bolsista, na Assessoria de Imprensa da UFPA. Conheci pessoas maravilhosas, como meu querido amigo Walter Pinto de Oliveira, com o qual tenho maior respeito e carinho, e honrado, pois, assim que voltei do doutorado, ele fez uma matéria sobre minha tese no Jornal Beira do Rio, da UFPA. Também, convivi com outras pessoas maravilhosas, como Edna Frazão, Cristina (hoje assessora de imprensa no IFCH), Lourdinha, o Paulo, o Lucas e o finado Chico. Entregava o famoso *clipping*, com informações que interessavam à instituição de jornais locais e nacionais, todas as manhãs, para o Reitor e todos os dirigentes dentro da UFPA. Agradeço a todos pelos ensinamentos.

Continuei minha trajetória de aprender sempre e, posteriormente, cursei Especialização em Desenvolvimento de Áreas Amazônicas (FIPAM), no NAEA, Mestrado em Planejamento do Desenvolvimento (PLADES), também no NAEA e Doutorado em Geografia na Universidade Estadual Paulista (UNESP), na Faculdade de Ciências e Tecnologia, campus de Presidente Prudente-SP. Na vida acadêmica, tive professores excelentes como orientadores. Na graduação, o professor Carlos Henrique (UFPA), minha querida professora e amiga Maria Célia Nunes Coelho (UFRJ), na graduação, no mestrado e coorientadora de doutorado, e meu querido professor e orientador de doutorado, Eliseu

Saverio Sposito (UNESP), foram fundamentais na minha trajetória acadêmica, sou eternamente grato.

Em meio ao término da especialização e já no mestrado, fui aprovado em concurso público para professor do, então, Departamento de Geografia, em 1996 e, em janeiro de 1997, fui oficialmente nomeado. Meu sonho continuava a ser realizado, cultivei amigos ao longo desse processo, que nunca é solitário e nunca fazemos sozinho. Direta ou indiretamente, nossa caminhada acadêmica sempre é acompanhada e aprendemos sempre. É um grande desafio viver o mundo acadêmico, me orgulho de toda minha trajetória ser no ensino público e pertencer a uma das maiores universidades do Brasil e da América Latina, a UFPA, minha segunda casa.

Tenho só a agradecer a todos que passaram, e continuam me ajudando a caminhar academicamente. Aos amigos professores de trabalho, na Faculdade de Geografia (Carmena, Giovane, Clay, Gilberto, Bordalo, Cincinato, Janete Gentil, Ana Maria, Odete Santos dentre outros professores), e aos meus parceiros e amigos do Grupo Acadêmico Produção do Território na Amazônia (GAPTA), todos os alunos e aos professores e amigos, que sempre estão do nosso lado, como meus amigos Christian Nunes e Adolfo Neto, que mesmo na dificuldade, nunca deixaram de acreditar que poderíamos avançar sempre através do aprendizado, e, como na canção do Renato Russo, "sempre em frente, não temos tempo a perder, temos todo tempo do mundo"! E, especialmente, aos meus irmãos, mãe e meu pai (*in memoriam*). E, claro, não poderia faltar minha fonte de inspiração cotidiana, meus três filhos Enzo, Tarso e Noah, que sempre me ensinam a ser um ser humano melhor, sem eles, minha caminhada não seria possível.

Lembro que, quando comecei a escrever meu memorial, o Tarso e o Noah perguntavam, "mas, pai, porque tens que falar de você mesmo?". Parecia engraçado, mas olhar para eles, me perguntando como tinha sido minha vida, dei boas risadas. Lembrei de quando o Enzo era pequeno e contava de como minha vida tinha sido difícil a ele, e de repente, ele me olha e diz: "é pai, a vida é difícil mesmo...o Homem Aranha leva uma vida difícil". Contei a eles, inúmeras vezes, minha trajetória de vida. Lembrei dos momentos da UNESP, com meus amigos. Ia até minha rede e, me deitava, como um bom paraense, ficava pensando em voltar a escrever e o que escrever. Um belo dia, com minha querida Adriana, comecei a lembrar dos momentos na UNESP, demos boas risadas, ela, maravilhosamente, escutando-me ler o memorial. Disse ela: "porque não colocas essas histórias, o texto ficará melhor, mais leve".

Lembrei do restaurante que, nós, do doutorado, denominamos de "sujinho", onde íamos comer, e, por causa do apelido, fomos proibidos pelo dono de almoçar no mesmo, tivemos que encontrar outro "sujinho". Dos jogos de futebol, que o Firmino não passava a bola para ninguém e ficávamos chamando, passa a bola Firmino, vai Firmino, marca Firmino, corre Firmino, chuta Firmino, até o adversário do outro time perguntar para mim: "quantos Firminos estão jogando". Belos tempos, na rua Mario Bôscoli, onde eu morava, no apartamento 203, do edifício Anésio Grigoletto. Da padaria, perto de casa, onde ia comprar dez pães todos os dias, e a dona pensava que eu tinha uma família grande, eu morava sozinho.

Das caminhadas no Parque do Povo, nos bate papos com amigos que moravam na mesma rua que eu. Dos vinhos, da solidão e da saudade, essências de quem escreve e que, uma ou outra vez, bate em nossa porta, parece que vinha para se enraizar, mas a esperança era nunca desanimar. A Adriana tinha razão, o texto não pode ficar tão denso, é de leitura leve que caminhamos sobre as palavras que pensamos, e fazem parte da nossa vida, muito obrigado Dry. Ler para outra pessoa fica mais empolgante, pois deixamos as palavras e lembramos os momentos vividos, como se fosse hoje. Porque não sorrir das tristezas também, não é só de alegrias que vivemos, ser alegre o tempo todo é chato, como ser triste o tempo todo, também é chato.

Olho para o céu estrelado no nosso verão paraense, agradeço a todos, sem a passagem dessas pessoas na nossa vida, não teria sentido. Nosso amadurecimento passa pelo aprendizado constante, pelo tempo e pela história que fazemos. Lembro do olhar profundo de minha mãe, que até hoje, aos 90 anos, me acalma e me faz voltar no tempo da paciência e da esperança de um mundo melhor.

Lembro dos shows do Belchior, Marisa Monte, Ana Carolina e Beto Guedes, que assisti nos interiores paulista e do Mato Grosso do Sul, da saudade das canções e dos momentos de viver cada instante, já não sendo mais aquele João Marcio tão chato quanto o da época da graduação. Como diria a canção de Ivan Lins, "Desesperar jamais, aprendemos muito nesses anos, afinal de contas não tem cabimento, entregar o jogo no primeiro tempo". É só seguir e lembrar que temos muito pela frente, e nossos amigos são nossas heranças para eternidade. Lembro da ida à cidade de Três Lagoas, no Mato Grosso do Sul, a convite de meus amigos Wallace e Firmino, na barranca do rio ouvindo a belíssima canção de Almir Sater, "ando devagar porque já tive pressa e levo esse sorriso, porque já chorei demais".

Agradecimento especial as professoras Nazaré Sarges (UFPA), Lourdes Ruivo (MPEG), Lisandra Lamoso (UFGD) e ao professor André Martin (USP), pelo aceite em analisar essa caminhada acadêmica e pela visão detalhada que me fizeram repensar cada instante na academia. Esses instantes me fizeram recordar, momentos distantes e importantes, quando a professora Lisandra comentou sobre o Encontro Nacional de Geógrafos em Rio Branco no Acre, em 2004, sua memória sobre os debates da Geografia amazônica foi uma volta no tempo geográfico maravilhoso e me emocionou; a professora Nazaré sobre o tempo acadêmico que nos aproxima e distancia e, sobre nosso compromisso como docente, para além da academia na sociedade, vivemos amizades maravilhosas debatendo a pesquisa universitária; o professor André sobre nossas escolhas acadêmicas na Geografia e o envolvimento com as áreas dentro da ciência Geografia no debate tempo e espaço; a professora Lourdes sobre o mergulho na pesquisa acadêmica que nos lançamos como pesquisadores e nosso olhar sobre o tempo acadêmico numa eterna arte de se fazer ciência.

Cada lembrança nessa caminhada que coloco em palavras, são resumos de uma vida que aprendi a valorizar, dos amigos que me acompanham e que fiz, que sempre serei grato por tudo que me proporcionaram, das pessoas com quem convivo e que têm paciência comigo, nunca serei, nem tenho a pretensão da perfeição, mas será sempre meu caminho acreditar na lealdade e na sinceridade.

Só sei que como na canção do Arrigo Barnabé, "Pô, amar é importante, cê não imagina a aflição que eu fico, quando estou contigo ou não estou", e continuo voando nas asas da canção do Biquíni Cavadão, um dos grupos de *rock nacional* que mais gosto de ouvir "me deixe cavalgar nos seus desatinos, nas revoadas, redemoinhos. Vento, ventania, me leve sem destino". Peço perdão ao corte que farei, e os caminhos que passo a seguir, começando a partir do ano de 1991, ano que entrei na Universidade Federal do Pará. Espero não deixar a leitura chata! Como na belíssima canção do Gonzaguinha, "Viver e não ter a vergonha de ser feliz, cantar e cantar e cantar, na beleza de ser um eterno aprendiz ". A todos, não terei nunca palavras para agradecer, mas gostaria de dizer, de coração, muitíssimo obrigado!

Apresento esse breve memorial, dividido, na sequência: primeiro na introdução, sobre a breve história acadêmica, conversando comigo sobre meus tempos de um menino e de um jovem pesquisador, a caminho da maturidade; segundo, em meus momentos na graduação, como o início de toda essa trajetória na UFPA; terceiro, a minha fase na especialização no NAEA, como um geógrafo a procura de sua qualificação enquanto pesquisador, minha passagem ao mestrado e o concurso para professor do Departamento de Geografia da UFPA, o desafio de fazer o doutorado em São Paulo, na Universidade Estadual Paulista; terceiro, o retorno à UFPA e os desafios de um recém doutor e; por último, minhas considerações ao escrever o memorial.

II. GRADUAÇÃO DA GEOGRAFIA AO DOUTORADO

Passei no vestibular do curso de Geografia da UFPA, em 1991, recebi a notícia ouvindo o listão de aprovados pelo rádio, estava no município de Limoeiro do Ajuru (Pará), com amigos, que cultivo até hoje. Foi duro comemorar tomando *Caninha 51* e ficar com febre, depois de ter o cabelo raspado com ***Prestobarba***, naquela época, mas foi um momento maravilhoso. Passados muito tempo, numa conversa com minha prima, hoje morando na Inglaterra, ela me contou dos bastidores da notícia de minha aprovação. Só me restou recorrer à canção do Lulu Santos, "Ainda vai levar um tempo, pra fechar o que feriu por dentro". Acreditei em tempos modernos, vamos novamente ao Lulu Santos "Eu vejo a vida melhor no futuro. Eu vejo isso por cima de um muro. De hipocrisia, que insiste em nos rodear".

Foi o começo da realização de um sonho, para mim e para minha família, ter um filho estudando numa universidade. Na volta à Belém, meus amigos da passagem Três de Maio e da passagem Mucajá (onde morava), na Cremação, me batizaram, jogando-me dentro da "Vala" da Três de Maio, era como chamávamos o canal que cortava as duas ruas. Meu primeiro ano na universidade foi difícil, mas muito divertido, pelas amizades, que não deixavam os desafios nos derrotarem. Os jogos atrás da Biblioteca Central (hoje, nesse espaço, foi construído o Mirante do Rio), idas ao Vadião, o forró alegrava aquele tempo, com música ao vivo e conversas agradáveis, nos corredores do Bloco E (Geografia) que, naquela época, representava nosso território.

Cada bloco de disciplina do curso de Geografia era composto por cinco matérias. Naquela época, o curso, quando tinha matéria de Geologia, começava às 13 h e ia até as 22 h, mas o horário, geralmente, ia das 14 h às 22 h. Acabei sendo bolsista da Assessoria de Imprensa da UFPA e, em 1992, passei na seleção para Bolsa PIPES, na pesquisa do Professor Carlos Henrique Lopez de Sousa (Geografia), que pesquisava as comunidades de Ubá e Aras, no município de São João do Araguaia, na região sudeste do estado do Pará. Como bolsista, fui pesquisando essas duas comunidades, no projeto do professor Carlos Henrique, onde iniciei minha trajetória acadêmica de pesquisador, éramos uma equipe de 6 pessoas e, no intervalo das férias da UFPA, viajávamos para o município de Marabá e, depois, nos dirigíamos aos assentamentos estudados.

No ano de 1993, em um dos trabalhos de campo à Marabá, pelo projeto do professor Carlos Henrique, encontrei com um grupo de pesquisa da Professora Maria Célia Nunes Coelho da UFRJ, que se encontrava cedida à UFPA, estando lotada no Núcleo de Meio Ambiente da UFPA (NUMA). Por coincidência, acabamos presenciando a primeira ocupação de trabalhadores rurais da fazenda Rio Branco, que estavam acampados na sede INCRA de Marabá. Acabei sendo enviado para registar a ocupação e encontrando, o hoje amigo, Alan Guimarães, que estava com o grupo da professora Célia. Registramos, naquele momento, que para mim é histórico, a primeira experiência na região sudeste do Pará, o Movimento dos Trabalhadores Rurais Sem Terra (MST).

Nas reuniões que sempre fazíamos, após o dia de trabalho no campo, acabei conhecendo mais o trabalho da professora Célia, e solicitei ao professor Carlos Henrique, meu desejo de sair do projeto sobre agricultura familiar, então passei a integrar o projeto da professora Célia sobre *Os Impactos Socioambientais da Estrada de Ferro Carajás no Pará e no Maranhão*, minha paixão era estudar os impactos causados pela atividade de mineração. Saí de bolsista PIPES da Geografia do IFCH, e passei a ser bolsista pelo NUMA, seu diretor na época era o professor Juan Hoyos (IFCH) e o coordenador científico o meu professor de Geografia, na disciplina de Pedologia Pedro Rocha (mais que um professor um grande amigo), pessoas que tenho grande respeito.

Fiquei como bolsista PIPES na pesquisa, e, no segundo ano, trabalhando com a professora Célia, passei a ser bolsista CNPq. Naquela época, o PIPES era o primeiro estágio para ascender à uma bolsa CNPq, que me rendeu a continuidade das publicações nos Seminários do PIPES/CNPq e participação em eventos da Geografia: Geografia Agrária e Encontro Nacional de Geografia. Para finalizar meu compromisso na pesquisa do professor Carlos Henrique, publiquei e apresentei, na época, um resumo no XI Encontro Nacional de Geografia Agrária, na cidade de Maringá/PR, em 1992, e outro resumo, expandido, em outro evento nacional, para consolidar minha participação no projeto.

Nessa parte do memorial, peço a permissão para colocar os dois principais trabalhos, de forma resumida, pois os considero importantes no início da minha formação (enquanto aluno/pesquisador), na época da graduação, quando era bolsista do PIPES (minha primeira experiência na pesquisa), a segunda, como bolsista CNPq, que serviu para o Trabalho de Conclusão de Curso em Geografia (Licenciatura e Bacharelado). O primeiro trabalho foi publicado e apresentado no 5º Congresso Brasileiro de Geografia, na cidade de Curitiba-PR, em 1994.

2.1. Primeira produção de pesquisa

Minha primeira experiência em pesquisa se deu com o desenvolvimento do trabalho coordenado pelo Professor Carlos Henrique Lopes de Sousa. Como foi dito anteriormente, esse trabalho foi fundamentado em pesquisas e entrevistas, que teve por objetivo trazer informações sobre a produção dos trabalhadores rurais e as suas estratégias de comercialização nos castanhais Ubá e Araras, no município de São João do Araguaia, na região Sudeste do Estado do Pará, distante, aproximadamente, 40 Km da cidade de Marabá, cuja principal via de acesso é a rodovia Transamazônica.

A produção dos trabalhadores rurais, principalmente a ligada à agricultura familiar, sofria com a falta de apoio por parte de órgãos governamentais de fomento agrícolas. Em São João do Araguaia, nos castanhais Ubá e Araras, os trabalhadores rurais, em conjunto com organizações não-governamentais, desenvolveram, na época, estratégias alternativas de organização e comercialização da produção. O apoio recebido teve sua origem no Centro Agroambiental do Tocantins-CAT e no Centro de Educação, Pesquisa, Assessoria Sindical e Popular-CEPASP.

A maioria das famílias, entrevistadas nos castanhais de Ubá e Araras, eram de origem nordestina, principalmente do Estado vizinho Maranhão, tratava-se de uma migração em busca de terra para trabalhar e de melhores condições de vida no Sudeste do Pará, como até o presente momento (2020), acontece nessa região. Lembrei muito do meu avô, que migrou do Ceará, veio com a mesma finalidade de melhorar de vida na Amazônia.

Nos castanhais Ubá e Araras, encontrei formas diferenciadas de organizações, de acordo com (1) o tipo de ocupação de cada área e (2) as experiências vividas no contexto da luta pela terra, que envolvia posseiros, grileiros, índios, pistoleiros e fazendeiros, na história da Amazônia. O Araras, área de assentamento rural realizado pelo INCRA, em 1988, e a Ubá, área de posseiros. Nestes castanhais, os trabalhadores enfrentavam graves problemas, dentre os quais os de produção, comercialização e transportes dos produtos, devido ao péssimo estado de conservação da Transamazônica, que ficava pior no período chuvoso. Naquele momento da pesquisa, ainda não estava asfaltado o trecho da rodovia de Marabá até São João do Araguaia.

No castanhal Ubá, o transporte da produção era realizado por ônibus de linha ou caminhonete, que passavam na Transamazônica, com destino à Marabá. Muitas vezes, os trabalhadores tinham que carregar seus produtos até a margem da rodovia, numa distância de mais de 9 Km, pagando uma certa quantia pelo transporte até Marabá. A principal cultura desenvolvida pelos trabalhadores rurais do Ubá, estimulada pela COCAT, era o arroz, que servia de experiência para ser estendida às outras culturas, tentando diminuir a importância local da figura do atravessador e valorizar a produção camponesa.

A COCAT, que atuava apenas no Ubá, foi criada em dezembro de 1992, dentro do contexto do programa CAT. A COCAT seria um instrumento mais apropriado para lidar com as questões relativas ao campo econômico, sobretudo, com a comercialização, no caso do arroz, consistia em organizar grupos de dez pessoas, onde cada trabalhador comercializava dez sacas de arroz, recebendo um adiantamento no valor da saca no mercado. O arroz era armazenado no próprio local até o meio do ano, quando as estradas estavam secas.

Em Marabá, o arroz ficava armazenado até o final do ano, quando conseguia atingir seu pique de preço. Nesta ocasião, o preço poderia atingir o dobro do valor da safra no mercado, alcançando de 12 a 14 dólares, da época, dependendo de uma série de fatores, inclusive da safra nacional. Vendido o arroz, descontavam-se todos os custos da operação, corrigido com juros de 1% ao mês. Do saldo bruto, descontava-se 15% em cima do excedente, para fundo de reserva legal da cooperativa, para formar capital de giro. O excedente costumava ser da ordem de 80 a 100%, em relação ao adiantamento, que era feito no ato da entrega do produto pelo trabalhador rural.

No castanhal Araras, o nível de organização era mais elevado do que em Ubá. No Araras, os trabalhadores rurais organizavam suas produções através da Caixa Agrícola do Araras-CAAR. A comunidade do Araras, junto com o CEPASP, alugou em 1992 um galpão, na cidade de Marabá, para comercialização da produção do arroz, milho, mandioca, banana, feijão, fava, entre outros, além do cupuaçu. A população vinha se dedicando à produção de derivados do cupuaçu, tais como: doce, geleia, compota, licor e *cupolate* (chocolate de cupuaçu), produzido pelo grupo de mulheres do Araras. Além dos produtos mencionados, destacavam-se, ainda, a Castanha-do-pará. As mulheres trabalhavam durante todo o dia até que toda a polpa estivesse armazenada em freezers.

2.2. Segunda produção de pesquisa

O segundo trabalho que escrevi, durante minha graduação, estava relacionado ao projeto de pesquisa, coordenado pela professora Dra. Maria Celia Nunes Coelho, intitulado "Impactos Socioambientais no Corredor da Estrada de Ferro Carajás, no Pará, e no Maranhão". Minha participação como bolsista de iniciação à Pesquisa, com Bolsa do CNPq, ajudou-me a concluir o Curso de Graduação em Geografia (Licenciatura e Bacharelado), na Universidade Federal do Pará, com Trabalho de Conclusão de Curso intitulado ***A CVRD e a Organização Socioespacial no Sudeste do Pará***, sob a Orientação da Profa. Dra. Maria Célia Nunes Coelho.

A análise abordou os aspectos da organização do espaço na região sul/sudeste do Pará, a partir, principalmente, da década de 1980, e as transformações territoriais que se manifestavam, entre outras coisas, no surgimento de novos núcleos urbanos, com o aumento da pressão demográfica sobre os territórios impactados pela atividade mineradora. Na década de 1980, a implantação da Estrada de Ferro Carajás (EFC) na região, e os projetos a ela associados, provocaram alterações sensíveis na estrutura do espaço geográfico do estado do Pará. Os investimentos locais da Vale atraíram um fluxo, já anteriormente significativo, de migrantes para a região. Novos povoados ou núcleos urbanos emergiram, associados tanto às atividades mineradoras da Vale, quanto às do garimpo de Serra Pelada e de beira de estradas.

Dessa forma, eu tentava compreender o papel da Vale como uma grande corporação de ampla área de abrangência e escala de operações, na gestão de seu território imediato, ligado à sua área de concessão, na

Serra de Carajás e da área sob sua influência, que abrangia os municípios percorridos pela EFC. O território estudado remetia às ações e relações que se configuravam dentro de uma dimensão política, social e econômica, que envolvia a atuação de atores sociais hegemônicos. O uso do território dependia de um conjunto de práticas de apropriação e reprodução.

Trabalhava o conceito de território, ligado ao desenvolvimento de estratégias para gerir o espaço geográfico de Carajás. Os agentes sociais envolvidos buscavam a garantia de suas permanências e as ações desenvolvidas no território, caracterizavam-no como um espaço apropriado e legitimado, através das relações materializadas dos atores, que desenvolviam suas atividades no espaço geográfico da região sudeste paraense.

O território de Carajás era marcado por conflitos, que envolviam a luta por interesses distintos. A dinâmica socioeconômica era definida pela atuação local de diferentes atores sociais envolvidos. À esta dinâmica, associavam-se as mudanças nas relações de produção, de trabalho e na forma de apropriação do espaço geográfico. Estas mudanças vinham ocorrendo, mesmo antes da instalação do Projeto Ferro Carajás e projetos a ele associados, mas que foram intensificadas, a partir deles.

A Vale tinha exercido importante papel na estruturação do espaço geográfico do Sul/sudeste do Pará, através de sua atuação da mina de Carajás e, ao longo da Estrada de Ferro-Porto, de Ponta da Madeira. Tendia à criação de áreas, com funções cada vez mais específicas de produção e de moradias, todas elas interligadas através da circulação de produtos e informações. Esses processos me faziam querer, mais ainda, compreender seus resultados no espaço geográfico na região de Carajás.

QUADRO 01 - Publicações no período de 1991 e 1995, durante a graduação

Ano	Título	Evento	Local de publicação
1992	A Resistência da Agricultura Familiar no Sudeste do Pará	XI Encontro Nacional de Geografia Agrária	Universidade Estadual de Maringá/Maringá/PR
1994	Repensando Tucuruí	V Congresso Brasileiro de Geógrafos Curitiba	Curitiba/Universidade Federal do Pará
1994	Organização e Estratégia de Comercialização da Produção no Município de São João do Araguaia/Sudeste do Pará/Brasil: O Caso dos Castanhais Ubá e Araras	Anais V Congresso Brasileiro de Geógrafos Curitiba	Curitiba/Universidade Federal do Paraná
1994	A Organização do Espaço Percorrido pela Estrada de Ferro Carajás, no Pará e no Maranhão	XII Encontro Nacional de Geografia Agrária	Águas de São Pedro-SP

Essas publicações (Quadro 01) foram importantes, pois me motivaram a participar de novos eventos, ligados ou não, à Geografia. Divulgar o conhecimento adquirido na graduação era, para mim, uma novidade e um desafio, que foi fundamental na minha trajetória acadêmica. Naquela época, sair de Belém e ir até a cidade de Maringá/PR, pelo ônibus da empresa Transbrasiliana, era uma aventura sem limites, lembrava, às vezes, que saia de Belém à Marabá e de Marabá à São Joao do Araguaia, um *rally* no ônibus, pela estrada de chão, na época, mas o desafio era recompensado, quando apresentava o trabalho de pesquisa. Enfim, me formei em Geografia, com uma experiência maravilhosa do trabalho de campo, lembro, hoje, do livro do professor Aziz Ab'Saber, da importância do trabalho de pesquisa para Geografia. Tinha uma caderneta de campo, não tinha computador na época, era tudo anotado nessa caderneta, que sempre me acompanhava.

Essa época era maravilhosa, lembro do "40", km 40 da Transamazônica, onde íamos comprar alimentos para comer. Cantávamos várias canções, das muitas que aqui coloquei. Lembro da praia do Tucunaré, do Festival da Canção de Marabá (FECAM), das idas e vindas à Parauapebas, de Serra Pelada, dos trabalhos de campo em Eldorado do Carajás, enfim, de uma estrada de municípios que percorríamos de ônibus ou pelas trilhas da Estrada de Ferro Carajás, o universo da pesquisa é fundamental nessa trajetória.

2.3. Um geógrafo à procura de mais qualificação

Após a conclusão de graduação, defendendo meu TCC, em agosto de 1995, no mesmo mês fui aprovado na especialização em Desenvolvimento de Áreas Amazônicas, no FIPAM/Núcleo de Altos Estudos Amazônicos (NAEA/UFPA). Assim, dei continuidade às pesquisas desenvolvidas na graduação, e continuei participando dos projetos da professora Dra. Maria Celia Nunes Coelho, seguindo a temática dos impactos territoriais da atividade mineral. Desenvolvi e defendi minha monografia de especialização, como bolsista CAPES, o que me ajudava a me dedicar somente às atividades acadêmicas, sob a orientação da professora Dra. Maria Célia. Em setembro de 1996, terminei a especialização e, no mesmo ano, em agosto, fui aprovado na seleção de mestrado do (NAEA). Na especialização, desenvolvi a monografia intitulada ***A Organização Socioespacial no Corredor da Estrada de Ferro Carajás***.

Estudar os impactos de um grande empreendimento era um desafio para mim, ainda mais a complexidade da região de Carajás. Comecei a pensar como era a instalação da antiga CVRD e de sua ferrovia, a implantação de projetos, a ela associados, e outras atividades econômicas, que contribuíram para aumentar, o já elevado, fluxo migratório para a região sul/sudeste do Pará. O município de Marabá, por exemplo, apesar dos desmembramentos, que vinham ocorrendo em seu espaço geográfico, continuava com sua população crescendo quando fazia minha especialização.

Essa elevada migração acelerava, de forma contundente, as transformações territoriais do sul/sudeste do Pará, me deixavam ainda mais instigado a pesquisar a região. Entre as alterações ocorridas na época, destacavam-se os núcleos urbanos desprovidos de infraestrutura, que abrigavam populações em busca de empregos. Essas transformações ocorridas na região sul/sudeste do Pará, sem dúvida, foram significativas na formação de novos poderes locais e na reestruturação espacial, visualizada na emergência de novos recortes espaciais. Uma das principais razões, sempre apontada, da luta pela criação de um novo recorte territorial, era o abandono histórico que a região vinha e vem sofrendo, por parte dos governos do estado do Pará, apesar de deter um número expressivo da população e do número de eleitores do estado.

Os projetos de mineração foram significativos para a aceleração das transformações no corredor da EFC, no trecho mina-Marabá, e para alimentar a minha inquietação de jovem pesquisador em formação. A Vale, em sua presença física marcante, através de sua mina na Serra de Carajás e de sua infraestrutura ferroviária, a Estrada de Ferro Carajás, influenciava, direta e indiretamente, na estruturação e restruturação socioespacial e na extensão da natureza das influências exercidas sobre a organização espacial na região, isso era um desafio para mim. Dava-me mais forças para dar continuidade aos meus estudos de pesquisas.

Da graduação à especialização, dei um salto qualitativo nas publicações dos eventos locais, nacionais e internacionais e uma novidade para mim, a publicação em livro. A publicação num dos seminários mais importantes da época, debatendo a questão energética na Amazônia, foi uma publicação em conjunto com minha orientadora, a professora Célia e seus bolsistas. A pesquisa foi um exaustivo levantamento sobre a produção da Hidrelétrica de Tucuruí, principalmente, sobre o pesquisador e jornalista Lúcio Flávio Pinto, que naquele momento em que a hidrelétrica foi instalada, foi o que mais produziu, escrevendo artigos sobre os impactos do território em Tucuruí. Já admirava o Lúcio Flávio, passei mais ainda, depois da exaustiva pesquisa que ele escrevia sobre as questões amazônicas, passou a ser umas das principais referências sobre a região.

Continuei publicando (quadro 02) resultados das pesquisas que tinha realizado em Ubá e Araras, e, principalmente, as sobre a Vale e seu papel na Amazônia, meu objeto direto de estudo, naquele momento. Essas publicações refletiam meu desejo de continuar minha carreira acadêmica e a busca pelo mestrado. Os trabalhos de campo eram fundamentais e me incentivavam mais a pesquisar os impactos no território amazônico. A necessidade de sistematizar os conflitos territoriais no espaço geográfico era meu maior desafio. Cada ida a campo me encantava, aprendia mais e mais, com a professora Célia, o Alan. Às vezes, tinha oportunidade de encontrar a professora Lia Osorio, o professor Antônio Guerra, o professor Alfredo Wagner que participaram dos trabalhos de campo no Pará e no Maranhão. Com a professora Célia, ficava observando os professore/pesquisadores e seus olhares diferentes sobre a Geografia da Amazônia.

QUADRO 02 - Publicações na Especialização, entre 1996 e 1997

Ano	Título	Evento
1996	A Emergência de Novos Municípios no Corredor da Estrada de Ferro Carajás, no Sudeste do Pará	XIII Encontro Nacional de Geografia Agrária/ Diamantina/MG
1997	Organização e Estratégia de Comercialização da Produção no Município de São João do Araguaia/Sudeste do Pará/Brasil: o caso dos castanhais Ubá e Araras	VI Encuentro de Geógrafo de América Latina/Buenos Aires/Argentina
1997	A Emergência de Novos Municípios e a Organização do Espaço no Corredor da Estrada de Ferro Carajás, no Sudeste do Pará-Norte do Brasil	VI Encuentro de Geógrafo de América Latina/Buenos Aires/Argentina
1996	Para Repensar Tucuruí: Uma Revisão Bibliográfica	Livro: Energia na Amazônia. Sonia Magalhães; Edna Castro; Rosyan Brito (Orgs). MPEG, 1996.

O corredor da Estrada de Ferro Carajás (EFC) era e é fantástico, um local de conflitos, onde pobreza e riqueza se cruzavam e se cruzam, diante de novas dinâmicas econômicas e territorialidades. Conhecer a região do Bico do Papagaio, conviver com trabalhadores rurais da época da Guerrilha do Araguaia, era uma aula sobre a sociedade amazônica. Serra Pelada, onde fui inúmeras vezes, era uma volta no tempo, fiz muitos amigos naquele território. Lembro de um trabalho de campo que fiz há uns 6 anos, fui visitar Serra Pelada com 90 alunos do curso de Geografia e, de tanto conversar com amigos garimpeiros, uma das alunas pergunta: "professor, o senhor já foi garimpeiro?". Sua pergunta me fez lembrar das conversas com "gasolina", um garimpeiro pioneiro, em Serra Pelada.

O trecho de Açailândia até Parauapebas, foi meu principal caminho para compreender a organização socioespacial e a gestão do território entre o Pará e o Maranhão. A ida de trem, de Marabá até São Luís, foi uma viagem fantástica, uma aula sobre o corredor da EFC, conversas agradáveis e aprendizagem com pessoas que viajavam no trem, foi um marco para mim. Cada lugar, cada pessoa que conhecia, fazia com que eu me apaixonasse pela região, de Parauapebas à Imperatriz, de Santa Inez à cidade de São Luís, era o caminho do aprendizado. Lembro dos escritos de Roland Barthes (2015) no "Câmara Clara", leitura sugerida pelo Alan Guimarães, esse livro me incentivou a publicar um dos artigos mais belos que já escrevi, para um dos livros da Professora Maria Celia (***Os Dez anos da Estrada de Ferro Carajás***), denominado ***Impressões do Passageiro de Ferro: reflexões de um viajante***.

Eram caminhos de terras, de trilhos e rios, que eu continuava e continuo a trilhar na minha jornada acadêmica pelo aprendizado constante sobre a região da Amazônia Oriental. Fiz e tenho grandes amigos nas cidades, que estão ao longo da EFC. Pelo menos duas vezes ao ano, visito a região para rever os amigos e continuar com as pesquisas que desenvolvo até a presente data, ano de 2020. A região da EFC virou minha terceira casa e minha maior escola de aprendizagem sobre a Geografia amazônica.

O sonho do mestrado e minha trajetória estavam caminhando, eu gostava muito de estar em campo pesquisando e, depois, voltar e tentar escrever o que sentia e vivia nos meus trabalhos. Não parava de me questionar sobre a região e seus impactos, sua gente, seus problemas e conflitos. Estava ligado à região, como nunca na minha trajetória, tinha o apoio de minha orientadora e de vários amigos.

2.4. O Mestrado e o concurso de Geografia

Defendi a especialização no segundo semestre do ano de 1996, e, no mesmo semestre, fui aprovado na seleção do Mestrado em Planejamento do Desenvolvimento (PLADES), no NAEA/UFPA, iniciando o mestrado em março de 1997, sendo contemplado com bolsa do CNPq. Continuei minha trajetória acadêmica, segundo a professora Célia, tinha me tornado um *Bolsista Profissional*, pois, desde a graduação, passei a receber bolsas da UFPA, do CNPq ou da Capes, e hoje, sou Bolsista Produtividade do CNPq, uma trajetória como bolsista de Iniciação à Pesquisa, que me ajudou muito.

A experiência em fazer um mestrado interdisciplinar, para mim, foi fundamental, pois ampliou minha visão sobre o espaço geográfico e o diálogo entre a Geografia e as demais ciências. Continuei, sob a orientação da Dra. Maria Célia Nunes Coelho, desde a graduação. Meu olhar, sobre a região de Carajás, aproximou as leituras e debates do mestrado do NAEA, de tanto debater Bourdieu e ler o "Poder Simbólico" e outros de seus livros, além de livros de Foucault, O'Donnell, Bobbio, Arendt, e claro Raffestin, Paul Claval, Milton Santos, Alain Lipietz, Rosa Acevedo, Edna Castro,

Jean Hebette, os textos e livros da professora Maria Célia, os artigos do Lúcio Flávio Pinto, entre tantos outros, que agora, peço perdão em não citar aqui, meu universo foi ampliando, junto com minha visão sobre o território amazônico.

O ambiente do mestrado me contagiava, as leituras, as conversas de corredores, o NAEA era um ambiente que proporcionava aos mestrandos o debate e o caminhar acadêmico. Passava quase o dia todo no NAEA, participando das reuniões no grupo de pesquisa da professora Celia, na biblioteca e em sala de aula. Esses espaços científicos ajudaram na minha formação. Os seminários nas disciplinas eram verdadeiros exercícios de dissertação, como uma qualificação, e o ambiente dos alunos da minha turma ajudava nesses aspectos, éramos uma turma unida.

A influência das leituras, em minha trajetória, me ajudaram a propor o debate sobre os exercícios de poder em dois municípios desmembrados de Marabá, na década de 1988, Parauapebas, onde se localizava, naquele momento, as principais minas da Vale, e Curionópolis, herdeiro do garimpo de Serra Pelada, para dar continuidade à mesma temática, estudando os impactos territoriais das atividades mineradoras. Entender a gestão econômica e financeira dos dois municípios, fazendo uma comparação entre eles, era outro desafio a ser vencido, interpretando seus impactos, desenvolvi a pesquisa durante o mestrado, que resultou em minha dissertação defendida, em 1999, sob o título de **Exercícios de Poder: os exemplos de gestão e viabilidade financeira de Parauapebas e Curionópolis no sudeste do Pará**.

A dissertação teve como ponto central debater os exercícios do poder como um elemento, que envolve diferentes atores e conflitos sociais na região de Carajás. As relações de poder e processos sociais faziam dos dois municípios estudados, uma das escalas mais importantes de expressão das diferenciações territoriais, que melhor evidenciavam os poderes de diferentes atores sociais na região sudeste paraense, a partir da década de 1980.

A minha ideia era que as relações de poder criavam um campo de exercício, que envolvia atores sociais diversos, na busca pela afirmação de seus interesses. Havia uma multiplicidade de fatores, que envolvia os poderes e os interesses de caráter heterogêneo e divergente de diferentes grupos. As relações de exercícios do poder materializavam-se, quando eram expressas no território dos municípios, visualizadas e identificadas como mudanças provocadas a partir das relações entre diferentes atores sociais, em permanente conflito na região de Carajás.

A dificuldade que se tinha era de identificar as fronteiras dos exercícios do poder, as suas formas de atualização e atuação, que se caracterizavam pela heterogeneidade que assumiam os exercícios do poder, e que eram expressos por interesses divergentes, que se manifestavam na escala do município. Na escala municipal, o relacionamento entre diferentes segmentos da sociedade se dava de maneira diferenciada. Nela, as práticas do exercício do poder se atualizavam, destacando suas formas e situações, nas quais eles apareciam.

A articulação, entre escalas de atuação e as relações em que os exercícios do poder apareciam, muitas vezes, se davam entre o local e o internacional, sem passar pela escala nacional, o exercício do poder, na maioria das vezes, não se limitava à escala do local. O poder de decisão dos municípios, quando das diferenciações de interesses entre os atores sociais, entravam em conflito com outros exercícios do poder, que se encontravam na escala extra local.

Os exercícios do poder, também, eram influenciados por seus próprios componentes. Criavam um campo de confrontos, que levavam à rearticulação dos poderes com outros exercícios do poder, criando, posteriormente, uma situação nova, que, por sua vez, levaria à novas divergências e convergências, fragmentadas por interesses de relações não satisfeitas e não contemplados em seus interesses por outros grupos, que ficavam, por ora, beneficiados por certas decisões, na escala do território municipal.

As mudanças na malha municipal no sudeste do Pará expressavam as transformações efetuadas no território da região, principalmente, no trecho Marabá-Parauapebas. O conflito de natureza política-territorial representava, de certa forma, uma expressão dos rearranjos do poder nessa região. O exercício do poder tornava-se um campo de luta, em que diferentes atores sociais buscavam fazer valer seus interesses. Em decorrência de um campo de conflitos, que se formava em virtude de interesses e ações divergentes, determinados espaços eram configurados como locus de resistência de grupos, localmente, "excluídos" do poder.

A resistência servia, também, para mostrar a reorganização das forças sociais, que se faziam presente nos diversos conflitos na região de Carajás. Era o caso do campo de relações conflituosas do sudeste paraense, em que os exercícios do poder envolviam atores sociais de forças e alcance variados, que assumiam múltiplas facetas da divisão espacial de poder, nos municípios que estudava, além das dinâmicas econômicas municipais, que dependiam, direta e indiretamente, da atividade mineradora.

Ser aprovado no concurso público para professor da matéria Geografia Humana, em 1997, que teve como banca o professor Carlos Henrique, o professor Gilberto Rocha e a professora Ana Maria Medeiros, foi um desafio para mim. O tema sorteado para aula didática, lembro até hoje, "Os Blocos Internacionais de Poder", foi uma viagem às leituras da Geografia, não lembro quantos livros eu li para esse concurso. A professora Maria Célia me passava um livro todo dia para ler, e, depois, explicar para ela, foi um exercício fundamental, sua ajuda e experiência, como professora da UFRJ, só contribuía para eu acreditar na aprovação. Eu lembro que dormia 3 horas por dia, no fim do concurso, estava exausto mental e fisicamente, entre aulas no mestrado e estudar para o concurso.

Lembro das aulas no NAEA, do querido e saudoso professor Thomas Hurtienne, Professora Edna Castro, Professora Rosa Acevedo, Professora Maria Celia, professor Francisco Assis, professor Índio Campos, professor David Carvalho, professor Franz Bruseke, professor Armin Mathis, e claro dos colegas do mestrado, minha querida amiga Ana Valeria, Camille, Ana Laura, José Raimundo, Manuel e do, hoje, meu colega de faculdade Nahun, dentre outros, que faziam parte da turma de mestrado do NAEA de 1997.

Lembro das disciplinas Geografia da População, Geografia Econômica, Geografia Humana, como uma das primeiras disciplinas que recebi para lecionar, tinham outras duas, que, infelizmente, não me lembro, que lecionava de segunda à sexta. As disciplinas ministradas na graduação e a experiência de ser professor, fazendo mestrado sem liberação (só depois que transformei minha pesquisa de mestrado em projeto de pesquisa, consegui 20 horas para pesquisa), era um grande desafio. As aulas no mestrado eram pela manhã, na maioria das vezes, e das 14 h às 22 h, eu ministrava aulas no pavilhão E do Básico, para Geografia, fui premiado como "professor calouro", com 5 disciplinas diferentes para ministrar.

QUADRO 03 - Publicações Durante o Mestrado, entre 1997 e 1999

Ano	Título	Periódico
1999	A CVRD e a Organização Econômica no Sudeste Paraense	Revista Humanitas/IFCH/UFPA

Ano	Título	Capítulo de Livro
1997	Impressões do Passageiro de Ferro: Reflexões de Um Viajante	Capítulo de Livro: 10 Anos da estrada de Ferro Carajás. Maria Célia Nunes Coelho; Raymundo Garcia Cota (Orgs.). UFPA, 1997.

Ano	Título	Resumo Publicado/Evento
1999	Os Exercícios do Poder: os exemplos de Parauapebas e Curionópolis no Corredor da Estrada de Ferro Carajás no sudeste do Pará	Workshop Avaliação e Perspectivas da Pesquisa no NAEA/UFPA
1999	Gestão Municipal e Territorial nos Núcleos Urbanos de Parauapebas e Carajás	Cadernos de Resumos do II Seminário de Pesquisa do CFCH/. UFPA
1999	As Company Towns na Amazônia: gestão do território e desenvolvimento local	Cadernos de resumos do 6º Simpósio Nacional de Geografia Urbana. Presidente Prudente/SP

Ano	Título	Orientação de TCC
1999	Os Conflitos Agrários no Sudeste do Pará	José Nazareno do Nascimento

Minha primeira experiência, efetivamente, como professor, foi na UFPA (Quadro 03). Lembro que, antes de passar no concurso para UFPA, tentei ministrar aulas num colégio privado de Belém e, quando tentei fazer um seminário com os alunos, fui despedido, alguns professores disseram que aquilo não era adequado e que eu precisava aprender a ministrar aulas, hoje, agradeço a eles por não ter dado certo como professor do ensino médio em instituição privada, como aquela que não admitia a flexibilização do aprendizado.

E, outra experiência relâmpago, foi que fugia para ministrar aulas no Cursinho Popular (hoje penso que era uma experiência parecida com PUA, pois eram os alunos da física que organizavam as turmas) para populações que moravam nas adjacências da UFPA, mas, no mês que comecei, fui aprovado no concurso da UFPA e, não dei conta de ministrar aulas aos alunos do programa popular, pois meu tempo estava todo ocupado com a UFPA.

Foram bons tempos, sorrisos, choros, reclamações, mas valeu a pena essa caminhada acadêmica. Viver a UFPA era um desafio árduo e, ao mesmo tempo, maravilhoso. Nada mais tranquilizante do que olhar o rio nas tardes da UFPA, sua paisagem bela acalmava os ânimos tensos e desafiadores de pensar a ciência. As conversas agradáveis e inteligentes com colegas do mestrado, dos grupos de estudos que fazíamos, das leituras dos livros e da alegria do salto qualitativo para o mestrado. Sempre gostei de estudar, a vida acadêmica era minha vida por escolha própria. Enfim, terminei o mestrado e defendi no tempo hábil.

No Bloco E, lembro das conversas agradáveis com meus alunos, que frequentavam as disciplinas que ministrava. Aprendia com suas perguntas, suas dúvidas que, muitas vezes, eram minhas, também. Lembro do quadro que escrevíamos com giz, dos fichamentos que aprendi a fazer com a professora Celia, que levava para ministrar as aulas, das leituras que realizava para melhorar meu próprio conhecimento. Do retroprojetor, nossa maior tecnologia, e das transparências que usávamos, quando inovávamos nas aulas, hoje, tudo mudou, às vezes, sinto falta de tudo isso, parece que nos forçava a estudar mais, diante de tantas dificuldades. Lembrar é muito divertido, dos tempos do textos digitados em Word 5, do pantógrafo do laboratório, do teodolito, das fotografias aéreas.

Não sei se sou saudosista, mas sinto saudades de muitas coisas, que hoje, a telemática nos roubou sem deixar opções. Nossa sala não tinha nem ventilador, era um calor infernal, fora o período dos grilos, que invadiam as salas e, dos alunos que fugiam para o forró das sextas. Nem reclamava, também fugia na minha época de aluno. Lembro das faltas de energia que aconteciam e, mesmo assim, as aulas continuavam. Das vezes que tirávamos as cadeiras e colocávamos para fora da sala, quase impossível assistir aula às 14 h, em Belém, no período que chove menos.

Estava aprendendo, cada dia mais, como professor. Fazer o que gostamos, com prazer, é o fundamento real do conhecimento que procuramos, para nos responsabilizarmos com a educação. Mas, eu não queria parar. A necessidade de aprender sempre me acompanha e eu corria atrás do doutorado. Realizei minha inscrição, naquela época pelos correios, em duas instituições, uma estadual e outra federal, para concorrer à uma vaga para cursar o doutorado.

2.5. O Desafio do Doutorado

No ano de 1999, ao concluir e defender o mestrado no NAEA, fui candidato à seleção do doutorado na Universidade Estadual Paulista (UNESP), e logo em seguida, após os fins das etapas, viajei a Florianópolis, e prestei seleção na Universidade Federal de Santa Catarina (UFSC). Por felicidade, fui aprovado na UNESP e na UFSC, optei pela UNESP, Faculdade de Ciências e Tecnologia de Presidente Prudente (FCT), em março de 2000, iniciei meu curso de Doutorado em Geografia, na UNESP.

Mudar para cidade de Presidente Prudente-SP, deixando minha terra natal, Belém, foi um dos meus maiores desafios. Na época da seleção, acabei fazendo amizades com colegas que prestavam a seleção ao doutorado e mestrado, e acabei dividindo apartamento com um desses amigos, o professor da UFSC, Helton Ouriques, aprovado também na mesma seleção de doutorado. Posteriormente, com término das disciplinas, todos os meus colegas retornaram para seus estados, decidir ficar os quatro anos morando em São Paulo. Morava perto da UNESP, ia e voltava a pé todos os dias, e quando tinha oportunidade, jogava futebol no campinho, perto de onde morava.

Na época áurea das disciplinas, quando todos moravam em Prudente, era muito divertido. Éramos uma turma de doutorado que se reunia, quase sempre, em uma de nossas casas. Eu, Márcio Silveira (SC), Eliseu Lira (TO), Firmino (MS), Wallace (MS), Sogami (SP), Helton (SC), Marlon (SC), Marcia (SP), Elaine (SP), Karina (SP), Maria (Espanha), Jean (SP), William (PR), Lirian (PR), Valeria (SP) e outros colegas, que faziam parte do Programa de Pós-Graduação da UNESP, em Prudente.

Além dos jogos de futebol no Parque do Povo. Lembro que passei seis meses sem orientador, e num diálogo com Dr. Eliseu Saverio Sposito, ele aceitou ser meu orientador, para minha honra, tive um excelente orientador e amigo, sou eternamente grato ao professor Eliseu por toda influência intelectual em minha trajetória acadêmica, sempre o considerei um dos maiores geógrafos brasileiros.

Morar em Presidente Prudente/SP, ficando longe de tudo e todos, por muito tempo, foi uma experiência fundamental para minha formação. A UNESP respirava debates acadêmicos, diálogos nos corredores, nos jogos de futebol, fiz amizades memorais. Quando nos encontramos nos eventos de Geografia, sempre relembramos esses acontecimentos, e damos boas risadas. Meu grande amigo Márcio Silveira, hoje professor da UFSC, foi um desses amigos fantásticos no debate acadêmico e na amizade. Cesar Gomes, também, hoje, professor da Unitoledo, ambos foram meus colegas de curso e de diálogos sobre a ciência brasileira, por longos períodos. Lembro das noites adentro, que ficávamos debatendo a ciência e o pensamento geográfico.

Dessa parceria com Márcio Silveira, ainda éramos alunos, a UNESP nos deu a oportunidade de organizar o livro "**Geografia Econômica do Brasil: Temas Regionais**", publicamos o livro, junto com vários pesquisadores do Brasil e, também, escrevemos capítulos do livro que organizamos, além dos artigos na Revista Formação, da qual eu fazia parte da organização. A UNESP abraçava seus alunos, nos dedicávamos à universidade. Morei todos os anos de doutorado em São Paulo, vivi a universidade, amizades, palestras, eventos, grupos de estudos, fazia parte do GASPERS, grupo que o professor Eliseu Sposito participava, o que me inspirou e, em 2002, ainda no doutorado, propus a criação do Grupo Acadêmico Produção do Território e Meio Ambiente na Amazônia (GAPTA), na UFPA, criado e hoje, uma grande referência em publicação e pesquisa. O GAPTA acabou virando também, uma editora.

O doutorado na UNESP foi um divisor de águas em minha vida acadêmica, no que diz respeito ao envolvimento com a universidade e a participação em diversos eventos acadêmicos e incentivos às publicações. Participava de muitos eventos científicos no centro sul do país. Gostava de viajar e conhecer lugares próximos a cidade que morava. Meu começo foi percorrer o Oeste Paulista e o Norte do Paraná. Viajava pelo corredor de Presidente Epitácio-SP, Londrina e Maringá, no Paraná. Lembrava da USP refazendo o percurso de Pierre Monbeig, e isso me instigava a visitar esse corredor, do café e das ferrovias. As cidades dos presidentes, Presidente Prudente, Presidente Bernardes, Presidente Venceslau e Presidente Epitácio, na divisa dos estados de São Paulo e Bataguassu, no Matogrosso do Sul, eram caminhos que sempre fazia.

Aprendi muito nas disciplinas que a UNESP ofertava, com o professor Eliseu Sposito, a professora Maria Encarnação Sposito e nos seminários, com os professores Iná Castro, Dirce Suertegaray, Maurílio Abreu, Horacio Bozzano, dentre vários outros professores, que vinham ministrar os seminários, e de suas palestras na UNESP. O exemplo da palestra do professor Paul Singer, uma das palestras mais memoráveis que assisti na Universidade. As disciplinas que estudávamos eram puxadas e, para isso, formamos grupos de estudos para debater os livros que eram exigidos para lermos, e serem apresentados nas disciplinas.

E, claro que ninguém é de ferro, logo, passamos a nos reunir em uma das casas por fim de semana para nos distrairmos, mas sem a conversa de ciência, era só diversão. Era nosso momento de descanso, a casa do Wallace era a mais requisitada. Sempre, quando batia o tédio, e a gente não conseguia escrever, nem adiantar as leituras, um ligava para o outro e íamos tomar café em algum lugar da cidade, ou jogar futebol no Parque do Povo. Com o fim das disciplinas, todos foram embora, ficando somente eu, dos alunos que tinham vindo de outros estados. Eles só vinham quando seus orientadores chamavam, ou no calendário de orientação, que ficava marcado, previamente, com cada orientador. Esse tempo foi difícil, faltavam as conversas e os amigos, para os momentos de crise acadêmica e ajuda no debate da tese.

Saia, às vezes, de madrugada, para o ***Fran'z Café***, acabei ficando amigo do proprietário da cafeteria, em plena madrugada, esse espaço do café era meu refúgio. Também, conheci um barzinho com música ao vivo, isso me fazia sentir em Belém - fora o calor que fazia em Prudente, parecido com o de Belém -, e acabei ficando amigo do Tinho e do Mosquete, cantores que faziam apresentações nesse bar. Fiz grandes amizades no doutorado e no mestrado, que tenho até hoje. Muitos desses amigos, se tornaram professores pelas universidades, nas cinco regiões do Brasil, revelando, assim, o potencial acadêmico que a UNESP proporcionou às nossas formações. Sou muito grato à UNESP, da secretaria à biblioteca, dos corredores com os alunos até os professores, pelo tratamento e formação, com responsabilidade acadêmica.

Nesse intervalo, entre 2000 e 2004, nasceu meu primeiro filho, Enzo, na cidade de Bilac/SP, em fevereiro de 2003, quando estava finalizando minha tese de doutorado. Lembro que ficava acordado várias horas por dia, ficava à noite, madrugada, acordado, escrevendo minha tese, dormia entre 06 h e 13 h. Foram bons tempos de debates, com meu amigo Cesar Gomes, as caminhadas pelo interior paulista, Santopólis do Aguapeí, Clementina, Birigui, Araçatuba, São José do Rio Preto, Tupã, Parapuã, Osvaldo Cruz, Martinópolis, Regente Feijó, Pirapozinho e pelas cidades de Londrina e Maringá, no Paraná. Lembro do dia que fui a Pirapozinho ver a maior fogueira de São João, e assistir o Gaúcho da Fronteira cantar.

Lembro das viagens à Londrina, quando era recebido pelos amigos William e Lirian, sempre simpáticos e pessoas maravilhosas, que faziam também doutorado na UNESP. Às vezes, pegava voo de Belém à Londrina e, também, visitava os dois. Sou muito grato às recepções e as conversas, sempre descontraídas, que fazíamos, tanto em Londrina, quanto em Prudente. Não sei se fui um aluno exemplar, mas me esforçava muito para ser, e não decepcionar a mim mesmo e o meu orientador.

Entrei no doutorado com bolsa da CAPES, lembrava da professora Célia me dizendo que tinha virado um "aluno profissional". Mas, as bolsas eram resultado de muito trabalho e dedicação, que sempre tive com a universidade e a sociedade brasileira, precisava retornar os investimentos que recebia, agora como professor da UFPA e aluno da UNESP. Sempre defendi no prazo, e cumpri com todas as minhas obrigações de servidor público e com as agências de fomento, que me concediam as bolsas.

Nesse momento de aluno do doutorado, passei a publicar mais, o ambiente da universidade era incentivador às publicações. Minha produção bibliográfica começou a melhorar, consideravelmente. Logo ao chegar em Prudente e, como em Belém tinha sido presidente da secção local da Associação dos Geógrafos Brasileiros (AGB), fui convidado pela AGB Prudente para escrever um artigo para o Caderno Prudentino, de Geografia da UNESP, com título de **Desigualdades Geográficas: territórios de globalização na Amazônia**, fiquei honrado com o convite e feliz, por estar sendo muito bem recebido em Prudente.

Nesse artigo, fiz uma reflexão, que conciliava a saída do mestrado e a chegada ao doutorado na UNESP, nele, minhas inquietações sobre o papel da Amazônia na era da globalização e seus impactos no território. Escrever sobre a Amazônia era, sobretudo, um exercício importante para não me sentir sozinho no interior paulista e, o desafio estava aceito.

A ideia central era pensar a Amazônia, a partir de suas particularidades históricas e culturais em diferentes escalas, e como a globalização atingiu esses territórios de forma desigual, mas como um todo. A globalização criava possibilidades de transformação da sociedade, aumentava, também, o antagonismo entre a multiplicação da riqueza para determinados lugares e o empobrecimento de outros, que não conseguiram acompanhar, no mesmo ritmo, o avanço daquelas. Pensar o significado da Amazônia, implicava na análise das diferentes formas de viver, produzir, pensar e de valorizar os recursos naturais e as condições socioeconômicas de suas sociedades.

Continuei a escrever outros artigos, mas, por não publicar, acabei me desfazendo deles. Depois, como resultado das leituras nas disciplinas, publiquei mais dois artigos científicos na Revista Formação da UNESP, uma das revistas mais importantes da Geografia Brasileira. Os artigos faziam parte do debate realizado durante as disciplinas e das leituras escolhidas pelos alunos do doutorado, para apresentação em seminários. Escolhi, como meu ponto de partida, um filósofo, Aristóteles, para analisar a cidade política, tendo como fundamento o espaço urbano e o papel desempenhado pelos cidadãos, e a busca de suas cidadanias na formação do governo na cidade, com o título de **A Cidade Política em Aristóteles**, publicado em 2001.

Nesse mesmo número da revisa Formação, também, como resultado dos debates das disciplinas, publiquei o artigo **Considerações Sobre o Debate Tempo e Espaço**, o exercício de escrever era mais apaixonante para mim, a cada dia, na universidade. Com os amigos do doutorado, debatemos nossas leituras e, foi a partir dessas análises, que comecei a escrever, em 2000, para disciplina Metodologia Científica em Geografia, ministrada pelo professor Dr. Eliseu Sposito, o artigo publicado, em 2001. O professor Eliseu Sempre foi um intelectual que deixava nosso debate livre, isso favorecia o ambiente das ideias.

Comecei a escrever sobre o debate tempo e espaço, que sempre foi, para mim, muito complexo, ainda mais, sendo uma amazônida. No artigo, propus-me a levantar alguns questionamentos, que me permitiam analisar, ainda mais, a relação entre tempo e espaço e, tentar distanciar-me dos conceitos/definições como algo dado e acabado – os conceitos estavam em constantes transformações-, o movimento da sociedade complexo e as relações entre as sociedades, não são lineares, mas sim, dinâmicas e eram para mim, um dos pontos centrais, o de viver em diferentes momentos históricos e geográficos, como aquele de Presidente Prudente.

A curiosidade me levava a pensar como espaço e tempo eram debatidos nas ciências, a partir da evolução do pensamento filosófico e geográfico, muito pela influência dos debates que o professor Eliseu realizava em sala de aula. O Debate tempo e espaço teve, como base fundamental de minha proposição, os pensamentos diferenciados de Immanuel Kant, Aristóteles, Bernard Piettre, Christopher Ray, David Harvey, Milton Santos, Henry Lefebvre, Skinner, Norbert Fenzel, Gottfried Stockinger, Félix Guattari e Gilles Deleuze.

Perguntava-me, definição ou conceito? Do que falávamos, quando nos reportávamos ao tema tempo e espaço? Procurava, a princípio, explicações para uma formulação para entender as transformações, que ocorriam no tempo e no espaço. A realidade do tempo e do espaço era, para mim, um acontecimento concreto, que me permitia observador e tirar conclusões de tais fenômenos, observando meu tempo amazônico e o tempo rápido do estado de São Paulo.

A própria teoria que sustentava o debate Tempo e Espaço, como nos debates de Piettre (1994), passava pela relação, que vai desde Aristóteles, até às discussões mais recentes da Física, passando por diversas concepções de entender espaço e tempo como conceitos/definições chaves, nas intervenções de determinados fenômenos. O próprio Bernard Piettre (1994) discute a relação da subjetividade do tempo, passando pela própria negação filosófica do tempo na ciência clássica, fazendo questionamentos sobre a existência do começo e o fim da limitação dos conceitos.

A relação de espaço e tempo se encontrava no sentido de eu perceber as transformações, que desafiavam a explicação do movimento do planeta Terra, na física clássica. A própria interpretação do tempo e do espaço absolutos era considerada, até então na física clássica, como a verdade do conhecimento. A relação tempo e espaço, entendida enquanto material a ser percebida e explicitada; enquanto conceitos, tempo e espaço são "soluções" filosóficas, que os cientistas abstraiam para explicar as transformações que ocorriam, tanto internamente, quanto externamente aos fenômenos observados.

Ao tratar o tempo e o espaço do capital, comparando com o tempo e o espaço da natureza, encontrava contradições nas formas de conceber essa dualidade do sistema de produção capitalista, principalmente, em espaços dos quais eu pesquisava, como a Região Amazônica. Por exemplo, o tempo e o espaço da natureza é dado pelas eras geológicas, como seu tempo de recomposição também, dependendo da relação com que esta pode ser incorporada; diferentemente, o tempo e o espaço do capital é imediato. Há uma aceleração pela busca da eficiência do lucro na absorção da natureza, onde esta é incorporada numa velocidade constante, que levaria anos para se recompor, e quem nos garante que as condições ambientais futuras dariam conta de torná-la, novamente, aproveitável, mesmo no sentido econômico? Por outro lado, quem se apropriaria destes recursos? Eram questões que me perturbavam no doutorado e, como um caboclo amazônida, exercia a reflexão.

Na época do doutorado, dos três artigos que publiquei, esse debate foi o que mais me proporcionou a reflexão sobre meu tema de pesquisa filosoficamente, e a tencionar minhas indagações dos trabalhos de campo, que fazia nos períodos de férias na região de Carajás, no estado do Pará. Passei a me dedicar mais à tese de doutorado. Passei meu tempo mais voltado aos trabalhos de campos, que fazia, e o retorno à São Paulo, relativizar os resultados que tinha obtido, nas viagens que fazia ao Pará, pensando na dualidade tempo e espaço, conectados numa região conflituosa como a de Carajás. Nesses trabalhos de campos, tive ajuda memorável de meus ex-alunos de Geografia, que residem até hoje nas cidades de Parauapebas, Curionópolis e Canãa dos Carajás, nos reunimos todas às vezes que vou a campo nas pesquisas que realizo, atualmente, na região.

Em 2003, entreguei minha tese ao meu orientador, professor Eliseu Sposito e, em 3 de março de 2004, a defendi no auditório da Universidade Estadual Paulista, em Presidente Prudente/SP. Minha banca de avaliação foi formada pelo meu orientador, Dr. Eliseu Saverio Sposito (UNESP), Dr. Nivaldo Espanhol (UNESP), Dr. Messias Modesto Passos (UNESP), Dra. Maria Célia Nunes Coelho (UFRJ) e a Dra. Lisandra Pereira Lamoso (UFGD). Foi uma banca duradoura e repleta de emoções em minha trajetória e, das horas que passei ouvindo críticas e considerações (foram eternas), com as quais aprendi e agradeço muito, pois sem as críticas construtivas não avançamos. Lembro da professora Célia me dizendo que é preciso que o exercício da crítica recebida seja realizado, internamente, com sabedoria.

Lembro desse dia, o Enzo, meu filho, que hoje tem 17 anos, tinha acabado de completar um ano de vida, e ficou brincando com a filha do meu querido amigo Jorge Montenegro, que hoje é professor na Universidade Federal do Paraná e, tinha ido assistir minha defesa, além da Lirian e do William, que também foram assistir à defesa. Eu estava nervoso, a emoção tomava conta de mim, mesmo assim, conseguir defender e ser aprovado pela banca examinadora. Nesse momento, conheci e tenho como uma de minhas grandes amigas, a Dra. Lisandra Lamoso, tenho maior admiração e respeito pelo seu trabalho. E, fiquei muito feliz de ter na banca de avaliação, a professora Maria Celia, que tinha sido minha orientadora até o mestrado, suas críticas, sempre lúcidas e inteligentes, guardo até hoje.

Minha tese intitulada "Poder, Governo e Território em Carajás", teve o debate e contribuição de várias pessoas, que peço perdão por não citar seus nomes, mas sou eternamente grato. Minha tese, em 2004, completou mais um ciclo de minha paixão pela Geografia da região de Carajás, e dos amigos que lá deixei, naquele momento, e não puderam participar desse evento importante em minha vida. Muitos, ajudaram nos trabalhos de campo e nos debates sobre a região. Das conversas memoráveis que fiz com muitos em Serra Pelada, na cidade de Curionópolis, em Eldorado dos Carajás, Água Azul do Norte, Parauapebas e Marabá, sem suas ajudas, não seria possível escrever a tese.

Problematizei a tese, a partir dos diálogos com meu orientador e outros professores, e, também, com meus amigos da região de Carajás, e perguntei-me: Em que medida a multiplicidade de atores sociais tinha elevado a complexidade das relações de gestão municipal nos municípios que estudava, e como os diferentes atores sociais vinham atuando, quais eram as práticas por eles adotadas? Em que medida os diferentes atores sociais, através da gestão, vinham participando da vida e dos destinos municipais? E, quais os momentos em que os interesses desses atores sociais apareciam, de forma mais intensa na gestão municipal? Onde começava e onde terminava o papel, exercido pela Vale, na gestação dos municípios situados em área sob sua influência? Os municípios, em área de mineração ou sob a influência dos grandes empreendimentos, tinham mais condições de alcançar autonomia financeira, modernizar suas administrações e gerir, democraticamente, seus recursos? Nos municípios de criação recente, as barreiras colocadas pela estrutura de poder tendiam a ser menores do que nos municípios antigos, onde os valores tradicionais estavam mais arraigados?

Enfim, começava a escrever e dividir a tese de doutoramento em cinco capítulos, começando por discutir, conceitualmente, ***Poder, Governo e Território***, debatendo filosoficamente como os conceitos eram apropriados, o poder no local, as fragmentações do poder, o poder e o uso do território, a ideia de estado e governo no debate com a sociedade civil organizada e, por último, as relações de uso desse território. Priorizei analisar os conceitos de Governo e Território, tomando, como ponto de ligação, outro conceito, que considerava fundamental na tese, o de Poder (conceito que teve muito influência dos livros de Hannah Arendt), procurei estabelecer uma matriz, que me levasse a analisar os conceitos e sua aplicabilidade aos demais capítulos, que analisavam as questões dos municípios situados em área de mineração no sudeste paraense, a região de Carajás, onde se encontram os maiores projetos de mineração da Amazônia.

No segundo capítulo, analisei o papel do ***Município de Marabá e sua Formação Territorial no final do século XIX, até o início do século XXI***, utilizei os conceitos para debater as transformações, ocorridas a partir do município mais importante econômica/historicamente do sudeste paraense e a formação do território, desde o século XIX, até os anos de 1980, quando os grandes empreendimentos passaram a explorar os recursos minerais da região, e como esse período foi de fundamental importância para a formação e consolidação econômico-político-social de Marabá e os diferentes momentos, onde ocorreram emancipações no município.

No terceiro capítulo, denominado ***Territórios Sócio-político-econômicas, Relações de Poder e Situação Financeira dos Municípios no Sudeste Paraense,*** analisei a situação financeira dos municípios e os instrumentos de poder, utilizados para a gestão territorial em Marabá, Parauapebas, Curionópolis, Eldorado dos Carajás, Canaã dos Carajás e Agua Azul do Norte, municípios que foram desmembrados do Município de Marabá, e que abrigavam projetos de exploração mineral na região sudeste paraense. A análise se concentrou a partir da década de 1980, e os processos sócio-político- econômico-financeiros, que dinamizaram e transformaram os municípios de Marabá, Parauapebas, Curionópolis, Eldorado do Carajás, Canaã dos Carajás e Água Azul do Norte, como palco dos possíveis projetos de grandes empreendimentos; a dinâmica interna de cada município em relação à sua viabilidade econômico-financeira e as formas de poder expressas, através de produção sócio-político-econômica do território.

No quarto capítulo, intitulado de ***Polêmicas, Relações e Conflitos entre Poderes (da Vale e dos poderes públicos) no Contexto das Realidades Municipais,*** analisei o papel dos municípios e de seus recursos sócio-político-econômicos, e as materialidades das relações de poder, tentando mostrar que o território na região de Carajás, era um território sócio-político-econômico, e que as relações de poder eram relações que faziam desse território um espaço de complexidades variadas, no tempo e no espaço, pelos diferentes atores sociais nos municípios que sediavam os principais projetos da Vale, no sudeste do Pará.

Analisei os processos territoriais e como eles deram, à região de Carajás, a configuração territorial conflituosa, e quais eram as perspectivas de desenvolvimento socioeconômico dos municípios, em razão da lógica da privatização e dos conflitos territoriais surgidos, ao longo de tempo em Carajás, numa visão conjunta de todos os municípios estudados. O resultado da tese divulguei em vários artigos publicados, posteriormente, à entrega final à UNESP. No ano de 2013, retomei o diálogo e fiz uma releitura daquele período, acrescentei minhas novas indagações e as pesquisas, que vinha fazendo posterior ao ano de 2004. Escrevi, com base em novas análises, dados e com resultados de projetos já financiados pelo CNPq, o livro ***Território e Mineração em Carajás***, além de publicar diferentes artigos e organizar livros, com novos olhares sobre os grandes empreendimentos na Amazônia, tive a honra do lançamento do livro ter sido no Instituto Histórico e Geográfico do Pará (IHGP).

QUADRO 04 - Publicações Durante o Doutorado 2000 - 2004

Ano	Título	Periódico
2000	Desigualdades Geográficas: territórios de globalização na Amazônia	Caderno Prudentino de Geografia
2001	Considerações Sobre o debate Tempo e Espaço	Revista Formação
2001	A Cidade Política em Aristóteles	Revista Formação
Ano	**Capítulo de Livro**	**Livro**
2001	Novos municípios, recursos financeiros e gestão municipal: os municípios de Parauapebas e Curionópolis no SE do Pará	Estado e Políticas Públicas na Amazônia/CEJUP/Belém.
2002	Fragmentação Territorial em Carajás	Geografia Econômica do Brasil. UNESP

Ano	Livro	Título
2002	Estruturação Socioespacial e Gestão do poder Local: o uso do território em Carajás	Cidade e Empresa na Amazônia: gestão do território e desenvolvimento local ed. Paka-Tatu,
2002	Geografia Econômica do Brasil: Temas Regionais.	Universidade Estadual Paulista/FCT

Minha busca em entender os impactos sobre o território, fez com que, desde 2004, continuasse a escrever (quadro 04) sobre as questões relacionadas aos grandes empreendimentos. Em 2017, o livro "Impactos Territoriais dos Grandes Empreendimentos no Brasil" uma coletânea de capítulos, com pesquisadores de quase todas as regiões do País, e suas análises sobre os impactos territoriais, foi lançado pela editora do GAPTA. E, mais recentemente, minhas preocupações com as implicações do Novo Código da Mineração na Amazônia, e seus impactos no uso diferenciado do território, por parte dos grandes empreendimentos e das sociedades tradicionais, me incentiva a continuar escrevendo sobre os impactos territoriais.

A região de Carajás, aqui denominada por mim, aquela que impacta direta e indiretamente, diversos munícipios, concentra nesse espaço geográfico, os maiores projetos da Vale nas regiões sul e sudeste do estado do Pará, perpassando os municípios de Parauapebas, Marabá, Curionópolis, Canaã dos Carajás, Eldorado dos Carajás, Água Azul do Norte, Tucumã e Ourilândia do Norte, torna-se uma região concentradora de riqueza, a partir da exploração dos recursos minerais, mas também, concentradora de conflitos pela posse e uso da terra. Nessa região se chocam com graus diferenciados de interpretação os modelos em grandes escalas de operação e a potencialidades da floresta amazônica pelas sociedades tradicionais.

III. O GEÓGRAFO RETORNANDO À UFPA E OS DESAFIOS COMO PROFESSOR/PESQUISADOR

Retornei em março de 2004, após defender minha tese na UNESP, comecei a ministrar aulas no mesmo mês. Transformei minha tese num projeto de pesquisa e fiquei com 20 horas para projeto, e o restante para as aulas na graduação e, logo, fui incorporado ao recém criado Mestrado em Geografia. No ano de 2004, fui o primeiro professor a ministrar aulas no Programa de Pós-Graduação em Geografia, dividia minha vida acadêmica entre aulas na graduação, na pós-graduação, publicações, o GAPTA, orientações e no projeto de pesquisa.

3.1. Projetos de pesquisa

Meu primeiro projeto de pesquisa, em 2004, como doutor, foi "A Produção Sócio-Político-Econômica do Território e a Transformações dos Recursos Minerais no Município de Barcarena" analisava os impactos sócio-Político-territorial-ambiental no Município de Barcarena, sob a área de influência do Projeto de alumínio ALBRAS-ALUNORTE.

Em 2008, agora já com financiamento da Fundação Amazônia Paraense de Amparo à Pesquisa (FAPESPA), desenvolvi o projeto de pesquisa "Sistema de informações geográficas da atividade pesqueira municipal: o SIG da pesca municipal", foi uma parceria com meu amigo Christian Nunes. Analisamos, através do Sistema de Informação Geográfica, o ordenamento pesqueiro municipal no Marajó, e propusemos um modelo que integrasse geotecnologias, aspectos ambientais socioeconômicos, que influenciavam na localização dos pesqueiros e percepção territorial-ambiental dos pescadores.

Em 2008, com apoio do Ministério das Cidades do Governo Federal, desenvolvi o projeto de extensão "Capacitação no Uso de Geotecnologias para a Gestão Municipal com utilização do software Terraview 3.2 (INPE)", em parceria com o Centro Gestor do Sistema de Proteção da Amazônia – CENSIPAM, com a finalidade de subsidiar a implementação de ferramentas em SIG (Sistema de informações Geográficas), para ações no nível municipal e difusão do uso ferramentas em geotecnologias, e a capacitação de técnicos municipais em ferramentas de geoprocessamento.

Em 2008, para minha felicidade, aprovei meu primeiro projeto de pesquisa, com financiamento do Conselho Nacional de Desenvolvimento Científico e Tecnológico-CNPq "O uso do Território e Impactos Socioambientais da Atividade minero-metalúrgicas nas cidades de Parauapebas e Juruti no Estado do Pará". O projeto analisou os impactos da atividade minero-metalúrgicas no estado do Pará, em especial nos municípios de Parauapebas e Juruti e seus desdobramentos socioambientais, populacionais, no reordenamento do espaço agrário, na redefinição da dinâmica econômica local e nas finanças públicas municipais, a partir da chegada dos grandes empreendimentos minero-metalúrgicas.

Em 2009, com financiamento da Secretaria de Estado de Educação-SEDUC, desenvolvi o projeto de extensão "Sexualidade e adolescência: uma proposta educativa para a rede pública de ensino no estado", em conjunto com professoras de uma escola pública no bairro do Maguari. O objetivo era desenvolver uma proposta de educação sexual preventiva na escola, destinada à adolescentes, a partir do modelo de discussão sobre a sexualidade nas escolas de rede pública de ensino, que integrasse e influenciasse a mudança de comportamento, dos alunos de 5ª a 8ª séries do ensino fundamental, a promoverem discussões em reuniões com grupos de adolescentes. Tive a oportunidade e felicidade de contar com a participação de bolsistas, na sua maioria, alunos de psicologia. O projeto, também, contava com alunos da economia e da estatística.

Entre os anos de 2010 a 2015, desenvolvi o projeto de extensão "Capacitação de técnicos municipais na implementação do Cadastro Territorial Multifinalitário (CTM), com uso de sistemas de informações geográficas", com parceria de meus amigos Christian Nunes e Flavio Altieri. Capacitamos 71 municípios na Amazônia, com apoio do SIPAM e financiamento do Ministério das Cidades-MC, com base na utilização de um conjunto de técnicas e de softwares de geoprocessamento, objetivava, principalmente, capacitar 80 técnicos municipais para implementação do Cadastro Territorial Multifinalitário em seus municípios, como contribuição ao processo de regularização urbana e como ferramenta de auxilio nas tomadas de decisão relacionadas às ações de regularização fundiária, nos municípios da Amazônia brasileira.

De 2015 a 2017, participei do projeto "Apuração de remanescente da primeira légua patrimonial de Belém: identificação dos limites da primeira légua patrimonial e da afetação desse patrimônio ao uso público", coordenado pela Dra. Luly Fischer, sobre a caracterização fundiária da primeira légua patrimonial de Belém e sua destinação ao uso público. Projeto financiado pela Companhia de Desenvolvimento e Administração da Área Metropolitana de Belém-CODEM. Coordenava a parte sobre a Geografia. Esse projeto foi um grande aprendizado sobre o uso do território na cidade de Belém, e suas contradições na legalização e regularização fundiária da capital paraense.

De 2015 a 2018, desenvolvi o projeto de pesquisa "Dinâmicas Econômicas e Ordenamentos Territoriais dos Grandes Projetos de Mineração no Estado do Pará (2009-2014)", com financiamento através de Bolsa de Pesquisador Produtividade II , do Conselho Nacional de Desenvolvimento Científico e Tecnológico-CNPq, que buscava analisar a atuação das indústrias Minero-metalúrgicas na Amazônia paraense, ligadas à exploração do ferro, da bauxita e à produção de alumínio, importantes atividades para a sociedade brasileira, e três importantes minerais consumidos no mundo e o seu papel no desenvolvimento regional e no ordenamento territorial. Analisei quais os impactos das compensações dessas atividades nos diferentes projetos ligados à sua exploração no período de 2009 a 2014, nos municípios mineradores da Amazônia paraense.

A partir do ano de 2019, passei a pesquisar e coordenar, com Financiamento do CNPq, o projeto "Impactos Socioterritoriais dos Grandes Empreendimentos na Amazônia Oriental Brasileira (2000-2017)". Esse projeto de pesquisa volta-se para as intervenções do estado brasileiro nos últimos dezessete anos (2000-2017) — com destaque para as políticas territoriais em curso na Amazônia Oriental, que predominam nas estratégias de desenvolvimento regional e impactam o território e seus recursos. O debate analítico acerca da construção e operação dos chamados grandes empreendimentos, voltados para a atividade mineral, portuária e ferroviária — independente do grau de impacto regional — e como eles interferem na relação da sociedade diretamente atingida, e seu entorno.

As análises sobre esses impactos socioeconômicos dessas atividades na Amazônia, procuram demonstrar e colocar em debate o processo de ocupação do território da região, tendo como elementos para análises, a representação cartográfica e os processos socioespaciais, geradores de diferentes dinâmicas econômicas e novas territorialidades, sobretudo, os conflitos territoriais causados, (in) diretamente, pelos grandes empreendimentos na região oriental amazônica. O projeto envolve pesquisadores de diferentes instituições de pesquisa: Ricardo Ângelo Pereira de Lima (UNIFAP); Flávio Rodrigues do Nascimento (UFC); Adolfo da Costa Oliveira Neto (UFPA; Christian Nunes da Silva (UFPA); Raifran Abidimar de Castro (IFMA); Abraão Levi dos Santos Mascarenhas (UNIFESSPA); Luciano Penha Rocha (UFMA); Fabrini Quadros Borges (UEPA).

Os projetos de pesquisa que desenvolvi foram essenciais para minha formação de pesquisador e, para melhorar minhas aulas, tanto na graduação, quanto na pós-graduação, e nas publicações em livros e periódicos. O amadurecimento bate à nossa porta, e ficamos mais leves em tudo que fazemos, tentando melhorar sempre, num salto qualitativo, dentro e fora das universidades. Não faço ideia para quantas turmas ministrei aulas, nem de todas as disciplinas, lembro de algumas, que mais se repetem, Geografia Econômica, Geografia do Pará, Geografia da Amazônia, Política e Ordenamento Territorial, Geografia Política e Metodologia Geográfica, na graduação. Só fiquei sabendo dos últimos dez anos (2010 a 2020), por conta do relatório para ascender à classe de professor Titular, que apresentei à UFPA, quais foram as disciplinas que ministrei nesse período.

No mestrado, lembro que, como primeiro professor à ministrar disciplina, fiquei com *Estratégias de Desenvolvimento Regional*, lecionei vários anos, até pedir para parar, sempre pensei que o rodízio de professores nas disciplinas ajudam os alunos a se libertarem e a ampliarem suas visões, além de nos ajudar a repensar nossas ideias. Somos seres falhos, cometemos equívocos e, às vezes, acabamos repassando nossas manias intelectuais nas referências bibliográficas aos alunos. Lembro da minha querida amiga, professora Célia, dizendo "leia tudo, nunca deixe de ler o livro que disseram para você não ler, leia, só assim saberá sua própria interpretação, sem ter que concordar com a análise do outro", ainda bem que formamos alunos independentes academicamente.

No doutorado, ministrei uma das disciplinas que mais gosto, a "Geopolítica dos Recursos Minerais na Amazônia", além de Organização e Gestão do Território, Dinâmicas e Políticas Territoriais na Amazônia, e Metodologia. Em 2006, tive a honra de receber o convite dos coronéis Emilio, Lima e Silva e Paulo, para participar na formação de oficiais do Sistema de Segurança Pública do Estado do Pará, na especialização como professor convidado do Instituto de Segurança Pública, ministrei Geopolítica e Estratégia de Desenvolvimento na Amazônia. Participei de outros cursos Latu Sensu, que, infelizmente, não consigo lembrar as disciplinas.

Em 2006, fui convidado pela Faculdade Latino Americana de Ciências Sociais (FLACSO), para ser professor visitante na disciplina do curso de doutorado, em convênio com a UNB, na cidade de Boa Vista, em Roraima. A disciplina *Grandes Projetos e Estratégias de*

Desenvolvimento na Amazônia, foi uma das melhores experiências que tive, pois nunca tinha sido professor de doutorado e fui, à convite da FLACSO, fiquei honrado no período em que fiquei em Roraima, aprendendo com todos os alunos de doutorado do Brasil e da América Latina.

3.2. Cargos Administrativos/Acadêmicos

Do ano de 1997 até 1998, assumi o cargo de Diretor Presidente da Associação de Geógrafos Brasileiros, seção Belém. Lembro da festa de encerramento, realizada na Boate do Caveira, em Belém, retornaria ao cargo de 2003 a 2004. No ano de 2005, assumi o cargo de vice coordenador do curso de Geografia, mas mesmo assim, continuei a ministrar aulas na graduação e na pós-graduação, como sempre fiz, confesso, hoje, olhando a trajetória, que passei meu tempo quase todo dedicado à academia e às relações com a Geografia, fazendo-me repensar meu tempo/espaço nessa pandemia.

No ano de 2006, fui candidato a Vice Diretor na chapa da professora Dra. Maria de Nazaré Sarges, assumimos a direção do CFCH, essa parceria me rendeu uma das minhas melhores amizades. Nessa época, a UFPA estava mudando toda estrutura regimental dos Centros, que passaram a ser chamados de Institutos, um momento histórico para instituição, a mudança. Assumia a Direção Adjunto, junto com a Naná, minha querida amiga, que tenho maior respeito e admiração, sempre digo que a maior realização dessa gestão foi a amizade que surgiu entre nós, e a excelente gestão participativa, entre nós dois, na direção do IFCH, todas as manhãs, às

8 h, nos reuníamos para debater as questões do IFCH, nossa gestão foi de 2006 a 2010.

Em 2010, fui candidato à Direção Geral do IFCH, com apoio da professora Naná, que foi fundamental, tendo como coordenador acadêmico e Diretor Adjunto, o professor Nelson Jr, nossa gestão durou de 2010 a 2013. Penso que, nesse período de 2006 a 2013, conseguimos realizar todas as promessas da época de campanha, o IFCH continuou na trajetória de ser um Instituto de vanguarda na UFPA. Sinto orgulho de, nesse período, desde a direção do IFCH com Naná, termos tido vários programas de mestrado e doutorado aprovados no IFCH.

Um conflito antigo era a organização do espaço interno, que sempre foi uma questão difícil, com os diretores das faculdades e programas da época, foi um marco, a (re) divisão espacial do IFCH. A ajuda dos diretores de Faculdades e Pós-Graduação, na organização do espaço do IFCH, foi fundamental. Dentre várias realizações que fizemos, me orgulho de ter feito parte da história do IFCH e de conhecer quase todos os professores da época, e de eles terem ajudado nossa gestão a ter bons frutos, agradeço a cada Diretor de Faculdade e de Pós, por esse período que passei na direção do IFCH.

Outro ponto importante, foi a boa relação que sempre tive com todos os servidores técnicos administrativos do IFCH, que estavam, indireta e diretamente, ligados à Direção Geral, a Jucianny, na secretaria executiva, a Cristina, na assessoria de imprensa, o Nonato, Norberto, Luís, Renata, e o Moacyr, que sempre comigo saía, para observamos os problemas de infraestruturas do IFCH, lembro das vistorias que fazíamos sempre, aprendi muito com todos. Lembro de ter metido literalmente o pé na lama, quando na época chuvosa íamos olhar algum problema pela lateral do Instituto, que ficava as vezes alagado. Poderia ter saído candidato à reeleição à direção do IFCH, mas optei por não o fazer, por várias questões, foi a melhor decisão que fiz naquele momento. Voltei a publicar e me dedicar com mais propriedade às aulas e pesquisas, que já fazia, mas intensifiquei.

A gestão é importante, é um aprendizado onde passamos a entender os problemas internos dentro de nossa instituição, a ser mais tolerantes com nossos diretores e reitores, mais compreensivos com nossos colegas professores, técnicos e alunos. É uma experiência fantástica, mas também vicia, e se você fica só na administração, não sobra tempo para a essência de um professor numa universidade pública, e o tempo dedicado, não deixa um pesquisador livre, acaba separando o intelectual daquilo que ele mais preza, o conhecimento. Penso que, para minha própria experiência, em nossa carreira acadêmica, deveria só ter assumido cargos administrativos quando estivesse intelectualmente maduro, e será que hoje estou? Voltei a publicar mais, pesquisar mais, me dedicar mais às aulas, à produção acadêmica e às pesquisas, meus objetivos de um professor na universidade pública, para além da gestão administrativa.

Acabei tutor do PET Geografia, um aprendizado maravilhoso, com vários excelentes bolsistas, muitos deles, hoje, professores de instituições públicas, me sinto honrado de tê-los acompanhado como bolsistas no PET. Naquele momento, optamos por fazer um projeto do próprio PET, mas nunca impedir os bolsistas de terem seus projetos juntos aos outros professores, que poderiam e deveriam ser seus orientadores, o PET é um aprendizado, um programa de democracia acadêmica maravilhoso, dando ao bolsista a plena liberdade de escolha.

O resultado foi a publicação de um livro, em parceria com os amigos Christian Nunes e Clay Chagas. O PET publicava o resultado da pesquisa do próprio grupo, além de diversos eventos em que os bolsistas participavam, no Pará e no Brasil. Equipamos o PET, que até então, tinha apenas um computador, e, com outros projetos que coordenávamos, compramos vários computadores e doamos ao PET, ampliamos a sala e criamos as condições de coletividade e parceria no grupo, sempre contando com a valiosa ajuda de vários professores.

3.3. Os Caminhos das Publicações Científicas

Desse resultado com a experiência do PET, publiquei um artigo num livro organizado pelo MEC, com prefácio do, então, Senhor Ministro da Educação, Fernando Haddad, e outro livro, que a PROEG publicou. É a partir desse momento, que passo a discorrer cada produção realizada nesse período mágico na volta do doutorado da UNESP, e meu retorno à minha amada UFPA.

Em 2006, assumi meu papel como editor da Revista Humanitas, recebi o desafio da professora Naná de reorganizar o periódico, todo Diretor Adjunto fica responsável pela revista, desafio aceito e um aprendizado maravilhoso. Lembro do primeiro dossiê sobre minha responsabilidade de editor, denominado ***Política e Sociedade***, que, naquele ano, a revista completava 26 anos de publicação.

No ano de 2007, em parceria com a professora e amiga querida, Jane Beltrão, organizamos o Dossiê:

Diálogos com Otávio Velho, uma merecida homenagem do IFCH, frutos do seminário "Fronteiras Amazônia: 40 anos de diálogo com Otavio Velho". Um dos melhores números da Revista Humanitas, na época. Fiquei como editor e meu papel, além de organizar, em conjunto com corpo editorial da revista, escrever a apresentação de cada número, até o fim do mandato em 2010. Num edital da FAPESPA para periódicos, ganhamos e lançamos os números atrasados da Revista Humanista, minha saída da Direção Adjunta, para concorrer a Diretor Geral, entreguei à minha querida Naná, a revista. Cumpri uma de minhas missões com ela, saía da Direção Adjunta com a revista atualizada, com seus números em dia.

No ano de 2007, recebi a missão, junto com meu amigo Christian, de criar uma revista no Programa de Pós-Graduação em Geografia, criado em 2004. O nosso mestrado não possuía um periódico, e precisava, para disponibilizar ao público brasileiro e contribuir com as pesquisas na Amazônia. Criamos a GeoAmazônia, nome escolhido pelo colegiado do programa. Lançamos um primeiro número, que inovamos, fazendo um *globo* vazado de miriti como capa da revista, naquele momento, a UFPA completava 50 anos e, para nós, era uma forma de contribuir com essa história da universidade. A GeoAmazônia se tornou um respeitável periódico, logo no início, recebeu qualis B1 da CAPES, logo em seguida, após a revista entrar no qualis, eu e Christian solicitamos a nossa saída como editores.

Passava, sempre, os meus quinze dias de férias de julho em São Paulo, e acabava também trabalhando. Não conseguia ficar longe dos debates. Em 2006, recebi o convite para a palestra na UNESP, campus de Ourinho, a convite do meu grande amigo Márcio Silveira, e, dessa ida a Ourinhos, O GEDRI, grupo de pesquisa que o

Márcio Silveira coordena, gravou a palestra e a ***Revista Geografia e Pesquisa da UNESP*** Ourinhos, publicou em 2007, um artigo com o Título "A inserção econômica da Amazônia no contexto da globalização", foi um debate fervoroso e um dos que mais gostei e participei em minha trajetória acadêmica, agradecimento eterno ao meu querido amigo Márcio Silveira, e ao grupo GEDRI.

Em 2007, publiquei o capítulo no livro Gestão Ambiental: desafios e experiências municipais no estado do Pará, intitulado ***Perfil dos Municípios Paraenses,*** a convite do meu amigo professor Gilberto Rocha, atual (2020) Diretor Geral do Núcleo de Meio Ambiente da UFPA. A análise, realizada por mim, se concentrou nas microrregiões de Parauapebas, Marabá e Tucuruí e seus impactos territoriais na formação dos municípios paraense.

Em 2008, publiquei na Revista de Estudos Paraenses do IDESP, o artigo ***Dinâmica Econômica Municipal e os Novos Recortes Especiais***, convite feito pelo IDESP para debater o recorte territorial do estado do Pará, principalmente, com as propostas de criação dos estados do Tapajós e do Carajás. Um ano de intenso debate sobre a fragmentação territorial do estado do Pará e suas implicações socioeconômicas ambientais nas regiões de Tapajós e Carajás, um debate agradável, que sempre gostei de fazer. Esse debate retornaria, em 2011, quando a TV Brasil realizou, no programa ***Caminhos da Reportagem,*** um intenso debate no estado do Pará, tive a felicidade de debater com eles a problemática da fragmentação territorial paraense.

Nesse mesmo ano, publiquei os artigos relacionados ao meu trabalho como tutor no Programa de Educação Tutorial (PET/Geografia). O primeiro deles, no livro do Ministério da Educação (MEC), denominado

PET Programa de Educação Tutorial: estratégias para o desenvolvimento da graduação, meu artigo intitulado ***Para Pensar a Educação Tutorial.*** Nesse mesmo ano, a PROEG lançou o livro ***PET em Foco***, nele publiquei o artigo ***O Desafio da Educação Tutorial Presencial no Pará***, era também parte da minha contribuição nos anos em que fui tutor do PET, e do maravilhoso aprendizado na tríade ensino, pesquisa e extensão universitária.

Também em 2008, como resultado de meus debates quando fui professor visitante no doutorado da FLACSO/UNB, em Roraima, publiquei um capítulo do livro ***El Humanismo Económico: desde México hasta la Argentina*** intitulado ***Conflitos territoriais na Amazônia Paraense: contribuição para o humanismo econômico.*** Esse livro faz parte de uma rede de pesquisadores de diferentes países, que se reúnem em seminários, para debater as questões do impacto econômico na sociedade nos países latino americanos, e o resultado sempre sai com a publicação de um livro, um debate fundamental sobre a produção intelectual sobre o humanismo econômico.

No ano de 2009, iniciamos a experiência de transformação no GAPTA, com a iniciativa do professor e grande amigo Christian Nunes, criamos a editora e lançamos o ***Livro caminhos e Lugares na Amazônia: ciência, natureza e territórios,*** em conjunto com vários pesquisadores e, nesse livro, também fui autor e publiquei o capítulo, intitulado ***Organização econômica do território na Amazônia Paraense,*** artigo sobre os impactos dos grandes empreendimentos na Amazônia paraense. Era a primeira experiência do GAPTA em livros, que até hoje continua, com mais parceiros pelo Brasil e pelo mundo afora.

Em 2009, recebi com maior honra, o convite dos amigos e professores Márcio Silveira, Lisandra Lamoso e Paulo Murão, que organizaram o Livro **Questões nacionais e regionais do território brasileiro,** para escrever um capítulo do livro. Escrevi sobre minha experiência em pesquisar a atividade mineradora na Amazônia, intitulado **A organização econômica dos territórios de mineração na Amazônia,** o livro foi publicado pela Editora Expressão Popular, esse capítulo é um dos mais intensos que escrevi sobre os impactos no uso do território na Amazônia paraense.

No ano de 2011, eu e meu amigo Christian Nunes, organizamos o livro **Pesca e territorialidades: contribuições para análise espacial da atividade pesqueira** pelo GAPTA, nesse livro, além de organizar, publiquei dois capítulos, intitulados **Uso dos recursos pesqueiros e organização social no estuário amazônico: o distrito de Outeiro**, em conjunto com minha bolsista do CNPq, Dayana Gonçalves PIBIC/CNPq, e o segundo, como coautor, **Mecanismo de configuração territorial de pescadores artesanais do rio Ituquara breves /PA**, com o meu amigo Christian Nunes, resultado de um projeto de pesquisa financiado pela FAPESPA.

Em 2011, prefaciei o livro organizado pelo professor João Nahun, intitulado **Dinâmicas territoriais e políticas no município de Barcarena estado do Pará**, e publiquei no referido livro um capítulo, intitulado **A Ilusão do Desenvolvimento em Territórios de Mineração na Amazônia Paraense**, fruto das pesquisas que já vinha desenvolvendo há tempos, sobre os impactos territoriais no estado do Pará, e minha inquietação com a preocupação das gestões públicas, em acreditar que a mineração seria o caminho para o desenvolvimento territorial amazônico.

No ano de 2011, publiquei o capítulo de livro, intitulado ***A formação territorial em município polo no sudeste paraense*** no livro ***Município e Território***, com organização de Gilberto Rocha. A análise tratou dos impactos das atividades de mineração em municípios sedes de grandes empreendimentos, e ao uso dos territórios diferenciados. Além do papel do município de Marabá, na organização das questões políticas econômicas da região sudeste paraense.

No ano de 2012, tive a honra de escrever o prefácio do livro ***Geografia e Representação Espacial da Pesca na Amazônia paraense,*** do amigo e professor Christian Nunes, um dos livros referência para o estudo da atividade pesqueira. O livro me fez lembrar de outros do professor Alex Fiuza da UFPA, e da professora Eunice Penner, que tive a honra de ter como professora no curso de Geografia, que também escreveram sobre a pesca, os dois foram professores do IFCH.

Nesse mesmo ano (2012), eu organizei, em conjunto com os professores Christian Nunes, Clay Chagas e Estevão Barbosa, o Livro intitulado ***Percursos geográficos: pesquisa e extensão no distrito de Outeiro***. Nesse livro, publiquei três capítulos, o primeiro, em parceria com meu amigo Clay Chagas, intitulado ***A experiência do Grupo Acadêmico Produção do território e Meio Ambiente na Amazônia (GAPTA) e do Programa de Educação tutorial (PET) de Geografia***; em conjunto com os bolsista do PET, Danuza Rocha, Denilce Rabelo, Leonardo Alves e Paollo Oliveira, o capítulo ***Regulação e uso do solo na Ilha de Caratateua , município de Belém /PA***; e ***Terminal***

portuário de Outeiro: uma indefinição na Geografia portuária do Pará, com os bolsistas do PET, Isabela Castro, Romilson Alcantara, Sammyla Oliveira e Vicka Marinho.

No ano de 2013, participei como coautor, no capítulo do livro ***Ensino de Geografia e representação do espaço geográfico,*** organizado pelos professores Christian Nunes, Viviane Caetano e Adolfo Neto, capítulo intitulado ***Práticas de ensino de cartografia no Laboratório de Análise da Informação Geográfica (LAIG/UFPA),*** de autoria de Christian Nunes, Carlos Castro, Adolfo Neto, Clay Chagas e Joao Marcio Palheta.

Em 2013, organizamos o livro ***Sociedade, Espaço e Políticas Territoriais na Amazônia Paraense,*** com vários pesquisadores da UFPA, lançado pela editora GAPTA. A ideia era sempre lançar resultados das pesquisas realizadas por profissionais, para além da Geografia e, criar um meio de divulgação desses resultados na sociedade. O resultado deu certo e o GAPTA já lançou mais de 40 livros de diferentes temáticas, além daquelas que os pesquisadores do grupo realizam, e conta com apoio de diferentes universidades no Brasil e no exterior.

No ano de 2013, pela editora do GAPTA, publiquei o livro ***Território e Mineração na Amazônia,*** com resultado de minhas pesquisa vindas desde meu doutorado na UNESP, até o ano de 2013. Nele, tive a honra de ter meu orientador de doutorado na UNESP, Eliseu Saverio Sposito, que escreveu a apresentação do livro, um dos mais importantes geógrafos brasileiros, e o prefácio, escrito pelo Lúcio Flávio Pinto, um dos mais respeitados jornalistas que tive a honra de conhecer e pesquisar suas publicações, em livros e jornais, dos temas amazônicos, Lúcio Flavio é, para mim, um dos mais importantes escritores sobre a Amazônia, suas obras me ajudaram a pensar minhas pesquisas.

No ano de 2014, como resultado da especialização em "Gestão e Segurança Ambiental" que coordenei em parceria com Instituto de Segurança Pública do Pará IESP/UFPA), tive a felicidade de ter como parceiros minha querida amiga Sonia Passos (IESP) e os coronéis, João Carlos Lima e Silva (PM), Paulo Roberto de Souza Cruz (BM) e Carlos Emílio de Sousa Ferreira (PM). Um dos resultados dessa parceria, foi a publicação de dois livros sobre as pesquisas dos oficiais, que, naquele momento, mostrava o papel da universidade, na parceria com estado do Pará, na formação de agentes de segurança pública, esse curso, chamado de Curso de Aperfeiçoamento de Oficias (CAO), contou com a participação de militares da Polícia Militar e do Corpo de Bombeiros dos estado dos Pará, Maranhão e do Distrito Federal.

O primeiro dos livros publicado, intitulado ***Geografia, Segurança Pública e Ordenamento Territorial Ambiental,*** foi organizado por mim e pelos professores Christian Nunes da Silva e Clay Anderson Nunes Chagas. Além da organização de um capítulo do livro publicado, intitulado ***Uso de ferramentas de Geoinformação e a formação de agentes de segurança pública no estado do Pará***. O Segundo livro publicado, teve como organizadores Sonia da Costa Passos (IESP) e os coronéis, João Carlos Lima e Silva (PM), Coronel Paulo Roberto de Souza Cruz (BM) e Carlos Emílio de Sousa Ferreira (PM), ***Geografia, Gestão e Segurança Ambiental***. Nesse livro, publicamos o capítulo ***Qualificação profissional e a informação espacial: o laboratório de Análise da Informação***

geográfica (LAIG) em atividade de capacitação, de autoria de Christian Nunes, João Marcio, Clay Chagas e Carlos Castro.

No mesmo ano de 2014, participei na organização do livro **Geografia na Amazônia Paraense: análises do espaço geográfico,** com os professores Christian Nunes e Clay Chagas. Além da organização, publiquei o capítulo **Geografia Econômica e Mineração no Pará: (des) ordem territorial em Carajás,** em parceria com Gláucia Medeiros, orientanda de mestrado do PPGEO. Uma coletânea de capítulos sobre as pesquisas desenvolvidas na Geografia paraense, lançado pelo GAPTA.

Em 2015, organizei, em parceria com os professores Christian Nunes e Clay Chagas, o livro **Geografia na Amazônia Paraense: territórios e paisagens**, lançado pela editora GAPTA. Nesse livro, também publiquei o capítulo **Importância e Implicações da Mineração em Pequena Escala (MPE) no estado do Pará: o caso do município de Capitão Poço,** publicado em parceria com minha orientanda de mestrado, Danusa Rocha, do PPGEO. O livro foi uma coletânea das pesquisas dos professores de Geografia que atuam no estado do Pará e, pertencem a diversas instituições de pesquisa.

Nesse mesmo ano (2015), ousei em publicar minhas poesias, escrevo poesias desde minha época de graduação, mas nunca tiver a pretensão de publicar nenhuma delas, escrevo para mim mesmo. Resolvi me expor e publiquei quatro poemas no livro **Redes de Palavras**, da editora Scortecci/SP, em conjunto com outros colegas do Brasil. Sempre gostei de poesias e continuo a escrever, quem sabe, um dia, terei coragem para publicar meu livro sobre minhas percepções de um tempo oculto e, ao mesmo tempo, angustiante das palavras do ser humano, posta em papel ou em meio virtual, como expressão das minhas emoções e frustrações.

No ano de 2016, publiquei dois capítulos de livros, o primeiro, no livro ***Gestão Ambiental: abordagens interdisciplinares***, organizado pelas professoras Norma Ely Santos Beltrão, Risete Maria Queiroz Leão Braga e Lucidéia de Oliveira Santos, pela Editora Amazônica Bookshelf, escrevi em parceria com minha orientanda de mestrado, Gláucia Medeiros, ***Gestão do Território em Áreas de Mineração na Amazônia Paraense***, analisando os impactos territoriais dos grandes empreendimentos no estado do Pará. O Segundo capítulo publicado, foi no livro organizado por Gilberto de Miranda Rocha, Pierre Teisserenc e Mário Vasconcelos Sobrinho, intitulado ***Aprendizagem Territorial: Dinâmicas territoriais, participação social e ação local na Amazônia***, com capítulo ***Dinâmica Territorial da Mineração na Mesorregião Sudeste do Estado do Pará – Região Norte do Brasil,*** uma análise do papel dos grandes empreendimentos no território, e o movimento da produção capitalista, das forças produtivas, e da reprodução das relações de produção no espaço geográfico amazônico, publicado pelo NUMA/UFPA.

Em 2016, organizei o livro em parceria com Christian Nunes, Gilberto Rocha e Carlos Bordalo, ***Produção do Espaço e Territorialidades na Amazônia Paraense: elementos para a análise geográfica***, publicado pela editora GAPTA/UFPA, o livro trata dos olhares diferenciados de vários pesquisadores. Em 2016, publiquei em conjunto com os professores da Faculdade de Geografia da UFPA, Christian Nunes, Clay

Chagas e Franciney Ponte, o artigo *Pesca e Influências Territoriais em Rios da Amazônia*, publicado no Novos Cadernos, do NAEA/UFPA.

No ano de 2017, lancei o livro *Geografia, territórios e impactos: olhares da iniciação científica paraense sobre os grandes empreendimentos*, como resultado de um projeto de iniciação científica junto à FAPESPA, em parceria com Jovenildo Cardoso Rodrigues, José Antônio Herrera e Gláucia Rodrigues Nascimento. O livro analisou, através de pesquisas dos alunos de iniciação científica, o impacto dos grandes empreendimentos no território paraense.

Durante o ano de 2017, publiquei dois capítulos no livro *Belém dos 400 Anos: análises geográficas e impactos antropogênicos na cidade,* organizado por Christian Nunes, Luziane Luz, Franciney Ponte e José Rodrigues, professores da Faculdade de Geografia e Cartografia. No livro, o capítulo *Qualidade de Vida e Bem estar Urbano em Belém*, foi publicado em parceria com Wellington Alvarez, meu orientando de mestrado, e os professores Christian Nunes e Ricardo Lima (UNIFAP), parceiros de pesquisa. Outro capítulo, *O Traçado da Linha da Primeira Légua Patrimonial (LPLP) e da Linha de Preamar Média (LPM) de 1831 da Cidade de Belém,* foi um exercício maravilhoso na história e no espaço geográfico da cidade, em parceria com Christian Nunes, Flávio Santos, Gláucia Medeiros, Hugo Souza, Thiago Vilhena e Joandreson Lima, parceiros em projetos de pesquisas.

No mesmo ano 2017, organizei em conjunto com Christian Nunes e Flávio Nascimento (UFC), o livro *Grandes Empreendimentos e Impactos Territoriais no Brasil*. O Livro trouxe um conjunto de pesquisas, analisando o território brasileiro, a partir das diferentes visões de pesquisadores em diversos estados do Brasil. Nesse livro, publiquei o capítulo **A Geografia dos Conflitos pelo Uso do Território na Amazônia**, em parceria com meu amigo Adolfo Neto. Esse livro foi o começo de pensar os impactos territoriais em escala internacional.

Também em 2017, como resultado de um Encontro Nacional ocorrido no Amapá, organizei o livro **Territórios, ordenamentos e representações na Amazônia**, em parceria com Christian Nunes da Silva e Ricardo Ângelo Pereira de Lima. O livro foi um resultado importante, com passo inicial da cooperação entre o Grupo Acadêmico de Produção do Território e Meio Ambiente na Amazônia (GAPTA/UFPA) e o Grupo Ribeirinhos da Amazônia (GPRA/UNIFAP), no evento nacional, com a publicação do livro e os resultados das pesquisas apresentadas no encontro.

Em 2017, publiquei em parceria com meu orientando de mestrado Wellington Alvarez e os professores Christian Nunes e Ricardo Lima (fui seu supervisor no Pós Doutorado, realizado no PPGEO/UFPA), o artigo **Violência Urbana em Uma Metrópole Amazônica: a produção do espaço e dos aglomerados de execução no município de Marituba/Pará 2011-2013**, publicado na Revista Geográfica da América Central, da Universidade Nacional de Heredia, Costa Rica. Uma análise sobre o espaço urbano da cidade e suas contradições na apropriação do território e as diferentes formas de violência ocorridas na sociedade.

No ano de 2019, organizei o livro **Produção Espacial e Dinâmicas Socioambientais no Brasil Setentrional**, organizado por Christian Nunes e Cristiano Quaresma de Paula, pela Editora do

GAPTA/UFPA. Uma obra belíssima sobre o Brasil e seus desafios na atualidade da organização territorial econômica, social e ambiental.

Nesse mesmo ano (2019), publiquei o capítulo de livro ***Mineração e Segurança Pública na Amazônia Paraense: alterações socioterritoriais em Juruti (Pará-Brasil),*** em parceria com Christian Nunes, João Francisco Garcia Reis e Ricardo Lima, publicado pela Editora da UEPA, no livro ***Amazônia: Fronteiras, Grande Projetos e Movimentos Sociais,*** organizado pelos professores Aiala Couto, Tiago Santos e Willame Ribeiro.

No ano de 2020, organizei em conjunto com Christian Nunes e Gilberto Rocha, o livro ***O Espaço Geográfico Amazônico em debate: dinâmicas territoriais e ambientais***, lançado pela Editora GAPTA. Meu maior desafio agora, além de falar para os senhores e senhoras, e expor meu memorial para vossos julgamentos, nesse ano de 2020, é lançar o livro de minha autoria ***Territorialidades Selvagens da Mineração na Amazônia.***

Publiquei desde 1999, um total de 45 artigos em revistas cientificas, em diferentes veículos de divulgação no Brasil e no exterior, em diferentes qualis CAPES nos estratos de A e B. Desses artigos publicados, 44, entre os anos de 2000 e 2020 e, assim, distribuídos por ano: 37, de 2010 a 2020. O último deles publicado foi, recentemente, em fevereiro desse ano (2020), intitulado ***Para Quem Serve o Novo Código da Mineração?*** na Revista de Pós-graduação da Universidade Federal de Dourados/MS, denominada ***Entre Lugar***, em parceria com minha orientanda de doutorado, Simone Chagas. O Ano de 2019 foi complicado para mim na ordem pessoal e acadêmica, ficou um vazio de publicação. Já nos anos anteriores, tive muita felicidade, em de 2018, publiquei quatro artigos; em 2017, seis; em 2016, mais sete; em 2015, publiquei dez; em 2014, sete; em 2013, somente dois; no ano de 2008, mais dois; 2007, mais dois; 2001, dois; 2000 um e 1999 mais um.

Quadro 05 – Livros Publicados de 2011 a 2020

Livros organizados	Autores
O Espaço Geográfico Amazônico em debate: dinâmicas territoriais e ambientais. Belém: Editora GAPTA, 2020.	SILVA, Christian Nunes; ROCHA, Gilberto Rocha; PALHETA, Joao Marcio.
Produção espacial e dinâmicas socioambientais no Brasil setentrional. Belém: GAPTA/UFPA, 2019, v.01. p.524.	SILVA, Christian Nunes; PAULA, C. Q.; **PALHETA, JOÃO**
Geografia, territórios e impactos: olhares da iniciação científica paraense sobre os grandes empreendimentos. Belém: GAPTA/UFPA, 2018, v.01. p.221.	**PALHETA DA SILVA, J. M**; Rodrigues, J. C.; HERRERA, J. A.; MEDEIROS, G. R. N.
ANAIS DO II CICLO DE PALESTRAS E DEBATES DO GAPTA. Belém: GAPTA/UFPA, 2017, v.01. p.94.	SILVA, C. N.; **PALHETA DA SILVA, J. M**
Grandes empreendimentos e impactos territoriais no Brasil. Belém: GAPTA/UFPA, 2017, v.01. p.366.	**PALHETA DA SILVA, J. M**; NASCIMENTO, F. R.; SILVA, C. N.
Territórios, Ordenamentos e Representações na Amazônia. Belém: GAPTA/UFPA, 2017, v.01. p.442.	SILVA, C. N.; LIMA, R. A. P. de; **PALHETA DA SILVA, J. M.**
Geografia na Amazônia Paraense: territórios e paisagens. Belém: GAPTA/UFPA, 2015, v.01. p.411.	SILVA, C. N.; **PALHETA DA SILVA, J. M**; Clay Chagas
Geografia da Amazônia Paraense: análises do espaço geográfico. Belém: GAPTA/UFPA, 2014, v.01. p.387.	DA SILVA, CHRISTIAN NUNES; **PALHETA DA SILVA, J. M**; Clay Chagas
Geografia, Segurança Pública e Ordenamento Territorial. Belém: GAPTA, 2014, v.01. p.312.	**PALHETA DA SILVA, J. M.**; SILVA, C. N.; CHAGAS, CLAY ANDERSON NUNES
Sociedade, Espaço e Políticas Territoriais na Amazônia Paraense. Belém: GAPTA/UFPA, 2013, v.01. p.350.	SILVA, C. N.; **PALHETA DA SILVA, J. M.**; Clay Chagas
Percursos Geográficos: pesquisa e extensão no distrito de Outeiro Belém-Pa (2008-2011). Belém: GAPTA/UFPA, 2012, v.01. p.204.	**PALHETA DA SILVA, J. M.**; SILVA, C. N.; Clay Chagas; BARBOSA, E. J. S.

Pesca e Territorialidades: contribuições para análise espacial da atividade pesqueira. Belém: GAPTA/UFPA, 2011, v.01. p.220.	**PALHETA DA SILVA, J. M.**; SILVA, C. N.

Durante esses anos de publicação, recebi críticas inteligentes de pessoas maravilhosas, que só me fizeram crescer diante de minhas limitações intelectuais, agradeço sempre aos que, honrosamente, me deixaram crescer, lendo o que escrevi e tendo suas contribuições. Também recebi de alguns "iluminados" críticas, penso que nunca leram o que escrevi, tenho dúvidas se são mesmo críticas, não sei se posso classificar assim, já que não levam a lugar nenhum - as maldosas-, essas nunca levei a sério, eram desprezíveis para um ser humano sadio.

QUADRO 06 – Artigos em Periódicos de 1999 a 2020

Título do Periódico	Autores
Para quem serve o Novo Código da Mineração? Revista Entre Lugar (UFGD. Impresso), v.11, p.209 - 239, 2020.	**PALHETA DA SILVA, J. M**; CHAGAS, S. F. P.
Desterritorialização Produtiva e Mudanças no Marajó: Arrecadação, Desemprego e Violência na Cidade de Breves (Pará-Brasil). Revista Universidade e Meio Ambiente., v.2, p.58 - 74, 2018.	ALVES, O. J. A.; SILVA, C. N.; REIS, J. F. G.; **PALHETA DA SILVA, J. M.**
Por uma outra territorialização na Amazônia paraense. REVISTA NERA (UNESP)., v.42, p.354 - 372, 2018.	PALHETA DA SILVA, J. M.; OLIVEIRA NETO, A. C.
Territorialidades e estratégias de sobrevivência de populações amazônidas no rio Acaraqui (Abaetetuba-Amazônia-Brasil). INTERESPAÇO: Revista de Geografia e Interdisciplinaridade. v.4, p.8 - 31, 2018.	SILVA, C. N.; VILHENA, T. M.; PALHETA DA SILVA, J. M.; LIMA, R. A. P.; SOUSA, H. P.; BARRA, J.
Território. Brasil em números (EDIÇÃO EM INGLÊS. IMPRESSO)., v.26, p.47 - 66, 2018.	SILVA, C. N.; **PALHETA DA SILVA, J. M.**
Conflitos pelo uso do território na a}Amazônia mineral. Mercator (FORTALEZA. ONLINE).,	**PALHETA DA SILVA, J. M**; SILVA, C. N.; OLIVEIRA

v.16, p.1 - 18, 2017.	NETO, A.; NASCIMENTO, F. R.
Direito do trabalho no binômio empregador e empregado e sua relação com o princípio da proteção. Revista do Instituto Histórico e Geográfico do Pará., v.4, p.168 - 187, 2017.	CHAGAS, S. F. P.; **PALHETA DA SILVA, J. M**; MEDEIROS, G. R. N.
Economia mineral e os impactos nos territórios amazônicos do sudeste paraense. Revista Internacional de Direito Ambiental., v.9, p.103 - 116, 2017.	**PALHETA DA SILVA, J. M**; LIMA, R. A. P. DE
Modo de Vida e territorialidades de pescadores da comunidade Cajueiro em Mosqueiro (Belém-Amazônia-Brasil). REVISTA NERA (UNESP)., v.20, p.246 - 272, 2017.	SILVA, CHRISTIAN NUNES; SOUSA, H. P.; VILHENA, T. M.; LIMA, JOANDRESON B.; **PALHETA DA SILVA, J. M.**
Uso do território e implicações socioterritoriais da mineração no Município de Barcarena (Pará – Brasil): População, arrecadação e segurança pública. Espacios (Caracas)., v.38, p.24 - 44, 2017.	SILVA, C. N.; REIS, J. F. G.; PALHETA DA SILVA, J. M.; PORTO, J. L. R.; LIMA, R. A. P.
Violência urbana em uma metrópole amazônica: a produção do espaço e dos aglomerados de execução no município de Marituba/Pará (2011-2013). REVISTA GEOGRAFICA DE AMERICA CENTRAL (IMPRESSO)., v.3, p.309 - 339, 2017.	ALVAREZ, W. P.; **PALHETA DA SILVA, JOÃO MARCIO**; SILVA, C. N.; LIMA, R. A. P. DE.
(Des)ordenamento territorial (?) E qualidade de vida em uma metrópole amazônica. Contribuciones a las Ciencias Sociales., v.03, p.1 - 16, 2016.	ALVAREZ, W. P.; SILVA, C. N.; PALHETA DA SILVA, J. M.; LIMA, R. A. P.
Dinâmicas econômicas e ordenamentos territoriais dos grandes projetos de mineração no estado do Pará (2009-2014): o caso de Paragominas. GEOSABERES: Revista de Estudos Geoeducacionais., v.6, p.402 - 416, 2016.	LIMA, JOANDRESON B.; **PALHETA DA SILVA, J. M.**
Estratégias de sobrevivência na Amazônia Paraense: o caso dos moradores do baixo Rio Meruú (Igarapé- Miri/Pará/Brasil). Geosul., v.31, p.151 - 172, 2016.	SILVA, C. N.; LIMA, R. S.; PALHETA DA SILVA, J. M.; LIMA, R. A. P.; VILHENA, T. M.; MONTEIRO, P. G. B.
Juruti: uma comunidade amazônica atingida pela mineração. GEOgraphia (UFF)., v.18, p.128 - 148, 2016.	**PALHETA DA SILVA, J. M.**; DA SILVA, CHRISTIAN NUNES.
O Plano Nacional da Mineração (2010-2030) e	CHAVES, D. A.; **PALHETA**

seu Rebatimento no Território Amazônico. REVISTA POLÍTICA E PLANEJAMENTO REGIONAL., vol. 3, p.39 - 52, 2016.	**DA SILVA, J. M.**
Pesca e influências territoriais em rios da Amazônia. Novos Cadernos NAEA., v.19, p.193 - 2104, 2016.	DA SILVA, CHRISTIAN NUNES; **PALHETA DA SILVA, JOÃO MARCIO**; CLAY CHAGAS; PONTE, F. C.
Território e territorialidade a partir da produção local de açaí: um estudo de caso no Baixo Tocantins (Igarapé-Miri/Pa/Brasil). Revista SODEBRAS. v.11, p.84 - 89, 2016.	LIMA, R. S.; SILVA, C. N.; **SILVA, JOAO MARCIO PALHETA DA**; PONTE, F. C.
Circuitos Espaciais de Cooperação em Santa Isabel do Pará na Grande Belém: Supermercados Líder, Y. Yamada e Agrovila do Areia Branca. Anais da ANPPAS., v.1, p.1 - 8, 2015.	LIMA, JOANDRESON B.; PALHETA DA SILVA, J. M.; RODRIGUES, M. D. R.; SOUSA, H. P.; MONTEIRO, P. G. B.; VILHENA, T. M.
Local de Crime: Espaço e Vítimas de Execução no Município de Marituba, Região Metropolitana de Belém - Pará (2011 a 2013). REVISTA DO INSTITUTO HISTÓRICO E GEOGRÁFICO DO PARÁ., v.2, p.97 - 108, 2015.	ALVAREZ, W.P.; **SILVA, J.M.P.**; SILVA, C.N.
Methodological Guidelines for the Use of Geoprocessing Tools: Spatial Analysis Operations-Kernel, Buffer and the Remote Sensing Image Classification. Agricultural Sciences., v.06, p.707 - 716, 2015.	DA SILVA, CHRISTIAN NUNES; **PALHETA DA SILVA, JOÃO MARCIO**; NOGUEIRA CASTRO, CARLOS JORGE
Modo de vida em comunidade ribeirinha na Amazônia paraense. Cadernos de Agroecologia., v.01, p.01 - 10, 2015.	SILVA, C. N.; PALHETA DA SILVA, J. M.; LIMA, J. B.; PINON, H. S
Modo de vida em comunidade ribeirinha na Amazônia paraense. Cadernos de Agroecologia. , v.10, p.1 - 6, 2015.	SILVA, C. N.; PALHETA DA SILVA, J. M.; LIMA, JOANDRESON B.; SOUSA, H. P.
Parâmetros fisiográficos e impactos ambientais da rodovia Santarém-Cuiabá (br-163), estado do Pará (Brasil). Rede: Revista Eletrônica do Prodema., v.9, p.60 - 71, 2015.	PONTE, F. C.; MEDEIROS; DA SILVA, CHRISTIAN NUNES; **PALHETA, JOÃO**; LIMA, R. S.
'Principles of Human Geography' Revisited, by Paul Vidal de la Blache. REVISTA GEOAMAZÔNIA., v.3, p.141 - 154, 2015.	SILVA, C.N.; LIMA, R.S.; **SILVA, J.M.P.**
"Progresso" tecnológico e mudanças no modo de vida ribeirinho (Amazônia paraense –	SILVA, C. N.; **PALHETA DA SILVA, J. M**; LIMA, J.

Brasil): um breve debate. Revista SODEBRAS., v.10, p.44 - 47, 2015.	B.; SOUSA, H. P.
'Progresso' Tecnológico e Mudanças no modo de vida ribeirinho (Amazônia Paraense-Brasil):um Breve Debate. Revista SODEBRAS., v.10, p.44 - , 2015.	SILVA, C. N.; PALHETA DA SILVA, J. M.; LIMA, J. B.; PINON, H.S
Territórios com mineração na região sudeste do Pará - norte do Brasil. REVISTA DA ANPEGE., v.11, p.281 - 308, 2015.	**PALHETA, JOÃO**; SILVA, CHRISTIAN; MEDEIROS, GLÁUCIA
Geografia e Mineração no Pará. REVISTA DO INSTITUTO HISTÓRICO E GEOGRÁFICO DO PARÁ., v.1, p.1 - 12, 2014.	**SILVA, J.M.P.**; MEDEIROS, G.R.N.; CHAGAS, C.A.N.
Geografia Econômica e Mineração no Pará: (Des) Ordenamento Territorial em Carajás. BOLETIM AMAZÔNICO DE GEOGRAFIA., v.01, p.170 - 185, 2014.	**PALHETA DA SILVA, J. M.**; MEDEIROS, G. R. N.
Geography and Mining in Carajás/Pará (Northern Region of Brazil). INTERNATIONAL JOURNAL OF GEOSCIENCES., v.05, p.1426 - 1434, 2014.	**SILVA, JOÃO MARCIO PALHETA DA**; SILVA, CHRISTIAN NUNES DA; CHAGAS, CLAY ANDERSON NUNES; MEDEIROS, GLÁUCIA RODRIGUES NASCIMENTO.
Territorial Analysis in Environmental Studies on Fisheries: A Question of Scale and Spatial Representation. OPEN JOURNAL OF SOCIAL SCIENCES., v.02, p.304 - 313, 2014.	DA SILVA, CHRISTIAN NUNES; **DA SILVA, JOÃO MARCIO PALHETA**; CHAGAS, CLAY ANDERSON NUNES.
Territorial Planning in the Amazonian Mining Towns of the State of Para (Brazil). Modern Economy., v.05, p.1053 - 1063, 2014.	33. **SILVA, JOÃO MARCIO PALHETA DA**; SILVA, CHRISTIAN NUNES DA; CHAGAS, CLAY ANDERSON NUNES; MEDEIROS, GLÁUCIA RODRIGUES NASCIMENTO.
The Cartography and the Spatial Representations: Search by Perfect Map. Journal of Geographic Information System., v.06, p.624 - 635, 2014.	SILVA, CHRISTIAN NUNES DA; **SILVA, JOÃO MARCIO PALHETA DA**; CHAGAS, CLAY ANDERSON NUNES; CASTRO, CARLOS JORGE NOGUEIRA.
The Territorial-Environmental Perception in Fishing Zones (Amazon Region, Brazil). OALIB	SILVA, CHRISTIAN NUNES DA; **SILVA, JOAO**

JOURNAL., v.01, p.1 - 6, 2014.	**MARCIO PALHETA DA**; CHAGAS, CLAY ANDERSON NUNES.
A Cartografia na Análise das Territorialidades dos Estudos Ambientais Pesqueiros. Revista de Ciência e Tecnologia da Universidade de Cabo Verde., v.01, p.09 - 16, 2013.	**PALHETA DA SILVA, J. M.**; SILVA, C. N.
A Mineração em Pequena Escala (MPE) no Estado do Pará e a (Des)Ordem do Território. REVISTA GEOAMAZÔNIA., v.2, p.1 - 18, 2013.	ROCHA, D. P.; **PALHETA DA SILVA, J. M.**
A Inserção Econômica da Amazônia no contexto da globalização. Revista Geografia e Pesquisa., v.01, p.07 - 20, 2008.	**PALHETA DA SILVA, J. M.**
Dinâmica Econômica Municipal e os " Novos Recortes Espaciais". Revista de Estudos Paraenses., v.01, p.75 - 84, 2008.	**PALHETA DA SILVA, J. M.**
A Territorialidades dos Grandes Projetos de Mineração na Amazônia. Geoamazônia (UFPA)., v.01, p.163 - 172, 2007.	**PALHETA DA SILVA, J. M.**
O Uso do Território e as Relações de Poder no Município de Barcarena-Pa. Revista Científica da UFPA., v.06, p.01 - 18, 2007.	**PALHETA DA SILVA, J. M.**; CUNHA, M. E. C DA.
A Cidade Política em Aristóteles. Formação (Presidente Prudente)., v.8, p.117 - 122, 2001.	**PALHETA DA SILVA, J. M.**
Considerações Sobre o debate Tempo e Espaço. Formação (Presidente Prudente)., v.8, p.157 - 164, 2001.	**PALHETA DA SILVA, J. M.**
Desigualdades Geográficas: territórios de globalização na Amazônia. Caderno Prudentino de Geografia., v.22, p.215 - 222, 2000.	**PALHETA DA SILVA, J. M.**
A CVRD e a Organização Econômica no Sudeste Paraense. Humanitas (UFPA)., v.15, p.115 - 126, 1999.	**PALHETA DA SILVA, J. M.**

Continuei e continuo a escrever, aventurando-me nas palavras, rebuscando memórias e lugares que passei e, que de alguma forma, influenciaram meu comportamento humano. Não tenho pretensão, apenas gosto de escrever e publicar o que escrevo, na atual fase da minha vida, escrever é um prazer e conhecimento adquirido nos faz caminhar leve sobre os territórios explosivos das críticas, sem me preocupar com nada, apenas sentir o prazer de escrever.

Estou buscando meu tempo para pensar e escrever. Mas, escrever coisas que gosto de fazer e pensar, artigos sérios, poesias que, para mim, são mais sérias que meus artigos, pois reacende o ser humano em sua plenitude. Olho pela janela do meu apartamento e fico buscando minhas memórias nas tardes, noites e manhãs, como são importantes, como toda essa vida que me levou à universidade e, hoje, está escrevendo aqui minha passagem pela instituição. Sim, uma passagem, depois na aposentadoria, muitas vezes, somos esquecidos ou tratados diferentemente da época áurea da produção, que tínhamos e éramos requisitados por todos, o tempo passa, quero viver mais, não quero ser lembrado pelo que penso que fiz, quero ser lembrado pelo ser humano que sou, e viver a minha história, não somente a história dedicada à instituição.

Nosso ego intelectual é efêmero, ele se vai com o tempo e, graças a Deus, se vai. Somos passageiros de um mundo competitivo, desumano, cruel, se não somos produtivos, no mesmo ritmo dos outros, que pensam que a gente não se enquadra nessa competitividade acadêmica. Quem produz mais, quem mais consegue financiar suas pesquisas, quem mais fala alto nas reuniões, quem mais fala mal do seu colega de trabalho, e diria quem mais se torna sozinho e triste nesse mundo escuro acadêmico e da competição. O conhecimento tem que ser prazeroso e, como dizia o professor Milton Santos, a "Geografia deveria ser ciência e arte", e aqui me arrisco os professores, deveriam amar mais e a não se tornarem raivosos com seus colegas, graças a Deus, penso que estou mudando.

3.4. Prêmios e Títulos Honorífico Recebidos.

Apesar de minha casa de pesquisa e aulas, ser mais a UFPA, acabei conhecendo e contribuindo com outras instituições, e com as amizades conquistadas nesses ambientes e com amigos, que tenho muito respeito, sempre que posso, tento ajudar e os visito. No ano de 2013, acabei submetendo meu curriculum ao Instituto Histórico e Geográfico do Pará (IHGP) - estava deixando a Direção Geral do IFCH -, sendo aceito como sócio efetivo, recebendo a Medalha Pedro Teixeira, concedida aos que são aceitos no Silogeu, com votação de seus membros. Sinto-me, honrado em fazer parte de uma instituição secular e importante no estado do Pará e, estar entre seus membros, que sempre respeitei e admirei, é uma honra.

Tenho vários amigos que pertencem ao IHGP, professor Pedro Rocha, professora Anaiza Virgolino (atual presidente), Gilberto, Maia, Clay, Luly, Garcia, Naná, Adolfo, Christian, dentre outros. Ocupo a cadeira 33 do Silogeu. Também no ano de 2013, fui agraciado com certificado de Amigo do IESP, Instituição que tenho muito carinho, pois recebi pela ajuda na participação na formação de novos oficiais da segurança pública, do estado do Pará.

No ano de 2015, recebi um prêmio que me deixou muito feliz e, sinto-me honrado, pois, foi da instituição que trabalho, prêmio destaque de Iniciação Científica, pela orientação de Joandreson Lima, como bolsista de meu projeto, junto ao CNPq. No mesmo ano (2015), recebi a medalha de Mérito em Ensino Integrado em Segurança Pública, pelo IESP, que muito me orgulho e fico honrado, na instituição, passei a contribuir na formação e debate do ensino de Geografia, junto ao corpo de oficiais. O IESP passou a ser uma instituição fundamental em minha vida, recebi as maiores homenagens e sou eternamente grato aos oficiais e Diretores do IESP.

Em 2017, fui homenageado pela turma de oficiais, como professor destaque do IESP, uma das homenagens que mais me comoveu, foram debates importantes e diversos durante todo o curso. Dessa turma, fiz grandes amizades, entre oficiais e delegados, que cultivo até hoje. Nos nossos grupos de WhatsApp, sempre damos boas risadas e lembramos dos tempos do curso e das belas conversas, que fluíam sobre a geopolítica da Amazônia.

Em 2019, foi o ápice de minha participação no IESP, agradeço o reconhecimento do instituto, recebi a Medalha de Ouro em comemoração aos 200 anos da Polícia Militar do estado do Pará, ao Coronel Mario Antônio. Nesse mesmo ano, recebi o Grau de Cavaleiro/Ordem do Mérito da Polícia Militar do estado do Pará e o certificado do CIPOE -Companhia Independente de Polícia Escolar, agradeço ao Comandante Geral da Policia Militar do Estado do Pará, Coronel Dílson Júnior, e à Major Simone Franceska, pela homenagem, que muito me deixou honrado, em ter contribuído para o ensino do IESP. Serei eternamente grato e me orgulho de ter participado desses momentos. Agradeço os diálogos, sempre produtivos, com diretores do IESP, coronel Alison Monteiro, delegado Ricardo Caça Pietra, ao hoje Diretor do IESP, Coronel Bentes Filho.

3.5 Participação em Bancas e Orientações

Participei de 176 bancas entre a graduação, especialização, mestrado e doutorado, desde 1999.

Orientei, entre graduação, especialização e mestrado, 129 alunos. Participei de 107 eventos científicos, local, nacional e internacional. Publiquei resumos em 72 anais de eventos científicos, fui convidado e proferi 20 palestras, mesas redondas em eventos locais, nacionais e internacionais. Publiquei 12 artigos em jornais nos estados do Pará e São Paulo. Tenho, atualmente, sob minha orientação, 10 alunos, desses, 5 no doutorado de Geografia, recém criado, um de iniciação científica (CNPq), e 4 orientandos de mestrado.

Participei como banca de concurso para professor, em instituições públicas, em 11 momentos diferentes. Sou, atualmente, consultor *ad hoc* da UFPA, CAPES e do CNPQ, e fui das Fundações de Pesquisa, do Amapá, e Maranhão, além da Fundação do Estado do Pará. Sou, atualmente, Conselheiro da FADESP. Fui avaliador do INEP. Participei da organização de 9 eventos científicos. Olho para trás, fico orgulhoso, mas também preocupado com o que deixei de viver, poderia ter sido inteligente e cultivado melhor meu tempo, mas deixei ele passar, e volto, agora, a tentar reunir o meu eu de dentro e fora da UFPA numa só pessoa, para começar a viver um novo tempo, nunca é tarde para recomeçar, aprendi vivendo tempos distintos.

Hoje sou mais calmo, paciente, responsável, mais feliz quem sabe, mais eu. Converso com meus filhos, brinco, largo minhas obrigações da UFPA nos fins de semana para curtir minha vida. Às vezes, é difícil largar, mas aprendi a deixar meu tempo na UFPA. Não quero, nunca mais, que meus filhos digam: "pai, quando o senhor vai ter tempo para nós?", que bom que as crianças são sábias e lembram aos adultos que a vida é feita de momentos, e como eles são fundamentais em cada passo que alcançamos. Para lembrar Fernando

Pessoa, "Tudo vale a pena, quando a alma não é pequena". E, nas asas da canção de Chico da Silva, "Daquele tempo de menino, ainda tenho, no meu peito, muita saudade". Tempo bom, e como a história nos favorece, sempre!

IV. CONSIDERAÇÕES SOBRE O MEMORIAL

Chego ao final desse diálogo comigo mesmo, para ser apresentado aos senhores e senhoras, espero que não me julguem mal pela forma com que escrevi meu memorial. Mas, confesso que não conseguir encontrar um que me fosse o modelo ideal, até porque penso que não existe modelo ideal, para nada. Cada ser escreve a partir de seu olhar, que é único sobre sua própria vida. Não sou biógrafo para escrever sobre minha vida, mas fui forçado a me arriscar nesse memorial. Relembrar foi muito bom.

Toda minha trajetória na UFPA me rendeu um conjunto de processos, dos quais tenho orgulho, penso que o mais importante para mim, é o reconhecimento dos alunos e depois o reconhecimento, ter obtido Bolsa de Produtividade CNPq, na minha carreira acadêmica. Um mundo fantástico e, ao mesmo tempo, difícil de conviver, com tantas diferenças e particularidades. Mas, como diz a canção de Chico Buarque, "apesar de você, amanhã, há de ser outro dia".

Acordo todas as manhãs sorrindo, dou um beijo em cada um dos meus três filhos, minha maior e melhor produção. Lembro de amigos do passado e do presente, dou boas risadas dos momentos que aprendemos juntos. Da amizade da Paula e do Paiva, do meu amigo Paulo de Tarso (Psicologia), da minha amiga Lourdes Ruivo e pelos convites para as bancas da UFRA e da UFPA, sempre com pessoas maravilhosas, mostrando que é possível receber as críticas e a convivência em paz, com sabedoria.

Das reuniões, que deixaram de ser chatas, porque penso que deixei de ser chato, dos inimigos que só eu construí, dos fantasmas que só eu vivi. Das palavras de rancor e ódio, que aprendi a desconsiderar. Hoje, me sinto mais como diz Almir Sater, "Mais feliz, quem sabe" e, por essa longa estrada acadêmica, eu vou. Das risadas nos trabalhos de campo, e nas viagens com os amigos Christian Nunes, Adolfo Neto e Clay Chagas. Ri muito nos eventos de Montevideo, Cuba, Lisboa, Cabo Verde, Lima, Buenos Aires, Rio Grande do Sul e São Paulo com Giovane, Mauro, Madalena, Ricardo, Walter, Clay, Enzo, Marcio e Mauro.

Os diálogos com Jovenildo, Nino, Ricardo Lima, Flávio Nascimento, em diversos trabalhos que fizemos juntos. Dos meus orientandos de mestrado e doutorado, por terem paciência comigo nos momentos de silêncio, aprendi a observar, mais do que falar. Aprendi a aprender com todos. Foram tantos momentos e pessoas, que fica complicado citar todos aqui, e acabo me tornando injusto nas citações, ao esquecer alguém. Dos ensinamentos maravilhosos e inteligentes da minha amiga professora Maria Celia, dos diálogos, sempre produtivos, com o professor Eliseu Sposito.

Considero minha trajetória até aqui regular, tento aprender mais e ser mais cauteloso comigo mesmo, e nas minhas pesquisas. Lembro de livros de autores que, na fase de graduando, adorava ler: Umberto Eco, Paul Feyrabend, Ilya Prigogine, Isabelle Stenger, Paul Singer, Bertha Becker, Rui Moreira, Guilherme Velho, Ignacio Moura, Lúcio Flávio Pinto, e tantos outros, leituras que trago, até hoje, como fundamentos necessários ao conhecimento. Lembro dos trabalhos de campo e de conversas agradáveis, sobre a Amazônia, com trabalhadores rurais, indígenas, garimpeiros, meus alunos e tantos outros, que me mostraram horizontes novos de pesquisas. Esse memorial foi uma volta ao tempo e, ao mesmo tempo, uma bela reflexão sobre minha vida e como vivi.

Quais os aprendizados que tirei dessa breve caminhada? Quais são minhas novas aspirações? Novos questionamentos que me faço, olhando pela janela do quarto, sozinho e escrevendo esse memorial. Coincidência, um tempo de pandemia, tudo calmo, silêncio absoluto, as pessoas trancadas nas suas residências, o mundo em clima de interrogação. Olho meus filhos, olho para o espelho, a paz, que hoje me condena à felicidade, faz-me perguntar valeu a pena? Valeu, mas mudaria muitas coisas que fiz, mas, se não as fizesse, teria sido tudo isso? Ah! Voltei ao diálogo nos tempos de doutorado, sobre tempo e espaço.

Dei muitas risadas, das omissões que fiz ao escrever o memorial. Não seria correto entregar-me, nem aos meus amigos, a universidade condena uma boa farra regada a risadas. São sempre sadias, mas, muitas vezes, não nos é permitida uma fuga, que seja contemplada pela sociedade das regras e imposições, mas são tempos maravilhosos da distração e da alegria saudável. Deveríamos ter, na grade curricular, uma disciplina só para nos fazer rir e onde os professores virassem alunos, como é bom sorrir.

Assim, produziríamos mais artigos, mais livros e mais dissertações e teses, belas para a sociedade, sem deixar de lado a rigidez científica. Elas seriam mais leves e seu produto poderia ser absorvido com mais facilidades pelos gestores públicos, para colocarem em prática em cidades e lugares distintos. Os muros das academias não serão derrubados, senão derrubarmos nossos próprios muros. Somos nós que impedimos a coletividade, mesmo sendo a favor dela. Porque tanta rigidez em tudo, porque somos sisudos em tudo, porque muitos alunos temem seus professores, ao invés de admirá-los.

Depois de todo esse tempo, olhei e vi que pouca coisa mudou na burocracia acadêmica, adentramos o Século XXI com os mesmos vícios do Século XX, e com uma geração diferente no modo de viver e pensar a sociedade. Meus filhos nasceram com a tecnologia a seu favor ou contra? Sempre me pergunto o quanto estamos conversando ou separados por tanta tecnologia. Espero ter, de uma forma ou de outra, expressado um pouco de minha vivência na UFPA e raro fora dela, o que em meus poemas, sempre estão presentes.

O tempo passou, como uma frase ao longo da vida. Sem ponto final e sem redação definida. O encontro com a trajetória, que me fez buscar palavras, reacende a esperança da continuidade das dúvidas. Como esquecer o caminhar da vida leve e, por estradas pesadas e tortuosas, carregando uma flor na mão, oferecendo à distância o carinho do olhar. Abre-se o livro, e a caneta escorrega pelos dedos, manchando as páginas em branco, para surgir ideais de uma vida. Como as linhas viram textos, e como os textos viram interpretações, assim a escrita revela a memória, para História e para Geografia do ser humano. Oh! tempo e espaço maravilhosos. Finalizo o que não posso finalizar, mas finalizo. E, para finalizar, lembro da música do grupo Camisa de Vênus, "Se o chão abriu sob os seus pés, e a segurança sumiu da faixa, se as peças estão todas soltas, e nada mais encaixa. Ôh, crianças! Isso é só o fim, isso é só o fim". Ou, será só o começo? Obrigado a todos!

V. REFERÊNCIAS BIBLIOGRÁFICAS

AB'SABER, Aziz. *O que é ser geógrafo*. Rio de Janeiro: Record, 2007.

ALVAREZ, W. P; PALHETA DA SILVA, J. M; SILVA, C. N; LIMA, R. A. P. de. Violência urbana em uma metrópole Amazônica: a produção do espaço e dos aglomerados de execução no município de Marituba/Pará (2011-2013). Revista Geográfica de América Central (IMPRESSO). v.3, p.309 - 339, 2017.

ALVAREZ, W. P.; SILVA, C. N; PALHETA DA SILVA, J. M; LIMA, R. A. P. de. Qualidade de Vida e Bem Estar Urbano em Belém In: Belém dos 400 Anos:análises geográficas e impactos antropogênicos na cidade. Belém: GAPTA/UFPA, 2017, v.01, p. 247-274.

ALVAREZ, W.P; SILVA, J.M.P; SILVA, C.N. Local de Crime: espaço e vítimas de execução no município de Marituba, Região Metropolitana de Belém - Pará (2011 a 2013). Revista do Instituto Histórico e Geográfico do Pará. v.2, p.97 - 108, 2015.

ALVES, O. J. A; SILVA, C. N; REIS, J. F. G; PALHETA DA SILVA, J. M. Desterritorialização produtiva e mudanças no Marajó: arrecadação, desemprego e violência na cidade de Breves (Pará-Brasil). Revista Universidade e Meio Ambiente. , v.2, p.58 - 74, 2018.

BARRA, J; PALHETA DA SILVA, J. M. Mineração na Amazônia Paraense: organização econômica do território em Barcarena-Pa (2009-2015) In: Gestão do território e impactos socioambientais na Amazônia paraense. Belém: GAPTA/UFPA, 2018, v.01, p. 19-38.

BARROS, M. J. B; PALHETA DA SILVA, J. M; NAHUN, J. S. O plano plurianual e a gestão territorial de obras pelo poder local em Barcarena -Pará (2002-2005) In: Dinâmicas territoriais e políticas no município de

Barcarena no estado do Pará. Belém: Açaí, 2011, v.01, p. 33-56.

BARTHES, Roland. *A câmara clara*. Rio de Janeiro: Nova Fronteira, 2015.

BLAINEY, Geoffrey. *Uma breve História do mundo*. São Paulo: Fundamento Educacional Ltda, 2015.

CASTRO, I. A; PALHETA DA SILVA, J. M; ALCANTARA, R. S; NEVES, S. C. O; MARINHO, V. N. M. Terminal portuário de Outeiro: uma indefinição na Geografia portuária do Pará In: Percursos geográficos: pesquisa e extensão no Distrito de Outeiro Belém-Pará (2008-2001). Belém: GAPTA /UFPA, 2012, v.01, p. 158-189.

CHAGAS, C. A. N; SILVA, C. N; PALHETA DA SILVA, J. M. Uso de ferramentas de geoinformação e a formação de agentes de segurança pública no estado do Pará In: Geografia, Segurança Pública e Ordenamento Territorial. Belém: GAPTA/UFPA, 2014, v.01, p. 11-25.

CHAGAS, S. F. P; PALHETA DA SILVA, J. M; MEDEIROS, G. R. N. Direito do trabalho no binômio empregador e empregado e sua relação com o princípio da proteção. Revista do Instituto Histórico e Geográfico do Pará. , v.4, p.168 - 187, 2017.

CHAVES, D. A; PALHETA DA SILVA, J. M. O Plano Nacional da Mineração (2010-2030) e seu rebatimento no território Amazônico. Revista Política e Planejamento Regional. vol. 3, p.39 - 52, 2016.

DA SILVA, C. N; PALHETA, J. M; CHAGAS, C. A. N. Territorial analysis in anvironmental studies on fisheries: a question of scale and spatial representation. Open Journal of Social Sciences. , v.02, p.304 - 313, 2014.

DA SILVA, C. N; PALHETA DA SILVA, J. M; CHAGAS, Clay. *Geografia da Amazônia Paraense: análises do espaço geográfico*. Belém: GAPTA/UFPA, 2014.

DA SILVA, C. N; PALHETA DA SILVA, J. M; CHAGAS. C. A. N; PONTE, F. C. Pesca e influências territoriais em rios da Amazônia. Novos Cadernos NAEA. , v.19, p.193 - 2104, 2016.

DA SILVA, C. N; PALHETA DA SILVA, J. M; CASTRO, C. J. Methodological guidelines for the use of geoprocessing tools: spatial analysis operations-kernel, buffer and the remote sensing image classification. Agricultural Sciences. v.06, p.707 - 716, 2015.

KING, Stephen. *Sobre a escrita: a arte em memórias.* Rio de Janeiro: Objetiva, 2015. 256 p.

LIMA, Joandreson B; PALHETA DA SILVA, J. M. Dinâmicas econômicas e ordenamentos territoriais dos Grandes Projetos de mineração no estado do Pará (2009-2014): o caso de Paragominas. Geosaberes: Revista de Estudos Geoeducacionais. v.6, p.402 - 416, 2016.

LIMA, Joandreson B; PALHETA DA SILVA, J. M; RODRIGUES, M. D. R; SOUSA, H. P; MONTEIRO, P. G. .; VILHENA, T. M. Circuitos espaciais de cooperação em Santa Isabel do Pará na Grande Belém: supermercados Líder, Y. Yamada e Agrovila do Areia Branca. Anais da ANPPAS. v.1, p.1 - 8, 2015.

LIMA, Joandreson B; PALHETA DA SILVA, J. M; SOUSA, H. P; SILVA, M. V. P. Dinâmicas econômicas da Mineração no Município de Paragominas no Estado do Pará In: Produção do espaço e territorialidades na Amazônia Paraense: elementos para a análise geográfica. Belém: GAPTA/UFPA, 2016. v.01, p. 377-397.

LIMA, R. S; SILVA, C. N; PALHETA DA SILVA, J. M; PONTE, F. C. Território e territorialidade a partir da produção local de açaí: um estudo de caso no Baixo Tocantins (Igarapé-Miri/PA/Brasil). Revista Sodebras. v.11, p.84 - 89, 2016.

ALVAREZ, W. P; SILVA, C. N; PALHETA DA SILVA, J. M; LIMA, R. A. P. (Des)ordenamento territorial (?) e qualidade de vida em uma Metrópole Amazônica. Contribuciones a las Ciencias Sociales. v.03, p.1 - 16, 2016.

PALHETA DA SILVA, J; CHAGAS, C. A Experiência do Grupo Acadêmico Produção do Território e Meio Ambiente na Amazônia (GAPTA) e do Programa de Educação Tutorial (PET) de Geografia In: percursos geográficos: pesquisa e extensão no Distrito de Outeiro Belém-Pará (2008-2011). Belém: GAPTA/UFPA, 2012. v.01, p. 09-25.

PALHETA DA SILVA, J. M; CHAGAS, S. F. P. Para quem serve o Novo Código da Mineração?. Revista Entre Lugar (UFGD. Impresso). , v.11, p.209 - 239, 2020.

PALHETA DA SILVA, J. M; DA SILVA, Christian Nunes. Juruti: uma comunidade amazônica atingida pela mineração. GEOgraphia (UFF). v.18, p.128 - 148, 2016.

PALHETA DA SILVA, J. M; LIMA, R. A. P. de. Economia mineral e os impactos nos territórios amazônicos do sudeste paraense. Revista Internacional de Direito Ambiental. , v.9, p.103 - 116, 2017.

PALHETA DA SILVA, J. M; MEDEIROS, G. R. N. Geografia econômica e mineração no Pará: (Des)ordenamento territorial em Carajás In: Geografia na Amazônia Paraense: Análises do espaço geográfico. Belém: GAPTA/UFPA, 2014, v.01, p. 367-387.

PALHETA DA SILVA, J. M; NASCIMENTO, F. R; SILVA, C. N. (Orgs). *Grandes empreendimentos e impactos territoriais no Brasil.* Belém: GAPTA/UFPA, 2017.

PALHETA DA SILVA, J. M; RODRIGUES, J. C; HERRERA, J. A; MEDEIROS, G. R. N. (Orgs). *Geografia, territórios e impactos: olhares da iniciação científica paraense sobre os grandes empreendimentos*. Belém: GAPTA/UFPA, 2018.

PALHETA DA SILVA, J. M; SILVA, C. N; OLIVEIRA NETO, A; NASCIMENTO, F. R. Conflitos pelo uso do território na Amazônia mineral. Mercator (FORTALEZA. ONLINE). , v.16, p.1 - 18, 2017.

PALHETA DA SILVA, J. M; SILVA, C. N; SANTOS, F. A. A. dos; MEDEIROS, G. R. N; SOUSA, H. P.; VILHENA, T. M.; LIMA, J. B. O traçado da Linha da Primeira Légua Patrimonial (LPLP) e da Linha de Preamar Média (LPM) de 1831 da cidade de Belém In: Belém dos 400 anos: análises geográficas e impactos antropogênicos na cidade. Belém: GAPTA/UFPA, 2017, v.01, p. 297-312.

PALHETA DA SILVA, J. M. A Cidade política em Aristóteles. Formação (Presidente Prudente). , v.8, p.117 - 122, 2001.

PALHETA DA SILVA, J. M. A CVRD e a organização econômica no sudeste paraense. Humanitas (UFPA). , v.15, p.115 - 126, 1999.

PALHETA DA SILVA, J. M. A Formação territorial de município-pólo no sudeste paraense In: Município e Território. Belém: UFPA, 2011, v.01, p. 115-130.

PALHETA DA SILVA, J. M. A Ilusão do desenvolvimento em territórios de mineração na Amazônia Paraense In: Dinâmicas territoriais e políticas no município de Barcarena no estado do Pará. Belém: Açaí, 2011, v.01, p. 13-32.

PALHETA DA SILVA, J. M. A Inserção econômica da Amazônia no contexto da globalização. Revista Geografia e Pesquisa. v.01, p.07 - 20, 2008.

PALHETA DA SILVA, J. M. A Organização econômica dos territórios de mineração na Amazônia In: Questões Nacionais e Regionais do Território Brasileiro. São Paulo: Expressão Popular, 2009. v.01, p. 289-312.

PALHETA DA SILVA, J. M. A Territorialidades dos grandes projetos de mineração na Amazônia. Geoamazônia (UFPA). v.01, p.163 - 172, 2007.

PALHETA DA SILVA, J. M. Conflitos territoriais na Amazonia Paraense: contribuição para o humanismo econômico In: El Humanismo Económico: desde México hasta la Argentina (parámetros de justicia social para las democracias republicanas de la América India). Puebla (México): Ediciones CIEC, 2008. v.01, p. 469-476.

PALHETA DA SILVA, J. M. Considerações sobre o debate tempo e espaço. Formação (Presidente Prudente).. v.8, p.157 - 164, 2001.

PALHETA DA SILVA, J. M. Desigualdades geográficas: territórios de globalização na Amazônia. Caderno Prudentino de Geografia. v.22, p.215 - 222, 2000.

PALHETA DA SILVA, J. M. Dinâmica econômica municipal e os " novos recortes espaciais". Revista de Estudos Paraenses. v.01, p.75 - 84, 2008.

PALHETA DA SILVA, J. M. Dinâmica territorial da mineração na mesorregião sudeste do Pará - Região Norte do Brasil In: Aprendizagem territorial: dinâmicas territoriais, participação social e ação local na Amazônia. Belém: NUMA/UFPA, 2016. v.01, p. 63-76.

PALHETA DA SILVA, J. M. Estruturação sócio espacial e gestão do poder Local: o uso do território em Carajás In: Cidade e empresa na Amazônia: gestão do território e desenvolvimento local. Belém: Paka-Tatu, 2002, v.01, p. 171-191.

PALHETA DA SILVA, J. M. Fragmentação territorial em Carajás In: Geografia Econômica do Brasil. Presidente Prudente: Universidade Estadual Paulista/FCT, 2002, v.01, p. 59-84.

PALHETA DA SILVA, J. M; SILVEIRA, M. R. (Orgs). *Geografia econômica do Brasil: temas regionais.*

Presidente Prudente: Universidade Estadual Paulista (UNESP), 2002.

PALHETA DA SILVA, J. M. Novos municípios, recursos financeiros e gestão municipal: os municípios de Parauapebas e Curionópolis no SE do Pará In: Estado e Políticas Públicas na Amazônia ed. Belém: Cejup/UFPA, 2001. v.01, p. 219-242.

PALHETA DA SILVA, J. M. O Desafio da educação tutorial Presencial no Pará In: PET em Foco. Belém: UFPA, 2009. v.01, p. 22-26.

PALHETA DA SILVA, J. M. Organização econômica do território na Amazônia Paraense In: Caminhos e Lugares da Amazônia: ciência, natureza e territórios. Belém: GAPTA/UFPA, 2009. v.01, p. 55-88.

PALHETA DA SILVA, J. M. Para pensar a educação tutorial In: PET Programa de Educação Tutorial: estratégia para o desenvolvimento da graduação. Brasília: MEC/SESU, 2008. v.01, p. 105-108.

PALHETA DA SILVA, J. M. Perfil dos municípios paraenses In: Gestão ambiental: desafios e experiências municipais no Estado do Pará. Belém: UFPA, 2007. v.01, p. 41-51.

PALHETA DA SILVA, J. M. Poder, governo e território na sociedade contemporânea In: Série Estudos e Ensaios. Brasília: FLACSO, 2009. v.01, p. 115-128.

PALHETA DA SILVA, J. M; CUNHA, M. E. C da. O uso do território e as relações de poder no município de Barcarena-Pa. Revista Científica da UFPA. v.06, p.01 - 18, 2007.

PALHETA DA SILVA, J. M; GONÇALVES, D. T. P. Uso dos recursos pesqueiros e organização social no estuário amazônico: o distrito de Outeiro In: Pesca e territorialidades: contribuições para a análise espacial da atividade pesqueira. Belém: GAPTA/UFPA, 2011, v.01, p. 105-130.

PALHETA DA SILVA, J. M; MEDEIROS, G. R. N. Geografia econômica e mineração no Pará: (des) ordenamento territorial em Carajás. Boletim Amazônico de Geografia. v.01, p.170 - 185, 2014.

PALHETA DA SILVA, J. M; MOTA, G. S; SILVA, C. N; CHAGAS. Orgs). Caminhos e Lugares da Amazônia: ciência, natureza e territórios. Belém: GAPTA/UFPA, 2009. v.01. p.240.

PALHETA DA SILVA, J. M; NASCIMENTO, F. R; SILVA, C. N. A Geografia dos conflitos pelo uso do território na Amazônia In: Grandes empreendimentos e impactos territoriais no Brasil. Belém: GAPTA/UFPA, 2017. v.01, p. 331-358.

PALHETA DA SILVA, J. .; OLIVEIRA NETO, A. C. Por uma outra territorialização na Amazônia paraense. REVISTA NERA (UNESP). v.42, p.354 - 372, 2018.

PALHETA DA SILVA, J. M; ROCHA, D. P. N; BORGES, D. R; ALVES, L. P. OLIVEIRA, P. S. K. Regulação e uso do solo na ilha de Caratateua município de Belém-PA In: Percursos geográficos: pesquisa e extensão no Distrito de Outeiro Belém-Pará (2008-2001). Belém: GAPTA/UFPA, 2012, v.01, p. 76-113.

PALHETA DA SILVA, J. M; SILVA, C. N. A Cartografia na análise das territorialidades dos estudos ambientais pesqueiros. Cabo verde: Revista de Ciência e Tecnologia da Universidade de Cabo Verde. v.01, p.09 - 16, 2013.

PALHETA DA SILVA, J. M; SILVA, C. N. (Orgs). Pesca e territorialidades: contribuições para análise espacial da atividade pesqueira. Belém: GAPTA/UFPA, 2011.

PALHETA DA SILVA, J. M; SILVA, C. N; CHAGAS, CLAY ANDERSON NUNES. (Orgs). Geografia, segurança pública e ordenamento territorial. Belém: GAPTA, 2014.

PALHETA DA SILVA, J. M; SILVA, C. N; Chagas, C; BARBOSA, E. J. S. (Orgs). Percursos geográficos:

pesquisa e extensão no distrito de Outeiro Belém-Pa (2008-2011). Belém: GAPTA/UFPA, 2012.

PALHETA DA SILVA, J. M; SILVA, C. Nunes; REIS, J. F. G; LIMA, R. A. P. de. Mineração e Segurança Pública na Amazônia Paraense: alterações socioterritoriais em Juruti (Pará-Brasil) In: Amazônia: Fronteiras, Grandes Projetos e Movimentos Sociais. Belém: EDUEPA, 2019. v.01, p. 166-195.

PALHETA, J. M; SILVA, Christian; MEDEIROS, Glaucia. Territórios com mineração na região sudeste do Pará - norte do Brasil. Revista da ANPEGE. v.11, p.281 - 308, 2015.

PALHETA DA SILVA, J. M. *Território e Mineração em Carajás.* Belem: GAPTA/UFPA, 2013.

PONTE, F. C.; MEDEIROS; DA SILVA, C. N; PALHETA, J. M; LIMA, R. S. Parâmetros fisiográficos e impactos ambientais da rodovia Santarém-Cuiabá (br-163), estado do Pará (brasil). Rede : Revista Eletrônica do Prodema. v.9, p.60 - 71, 2015.

ROCHA, D. P. N; PALHETA DA SILVA, J. M. Importância e implicações da mineração em pequena escala (MPE) no estado do Pará: o caso do município de Capitão Poço In: Geografia na Amazônia Paraense: territórios e paisagens. Belém: GAPTA/UFPA, 2015, v.01, p. 205-224.

ROCHA, D. P; PALHETA DA SILVA, J. M. A mineração em pequena escala (MPE) no Estado do Pará e a (des)ordem do território. Revista Geoamazônia. v.2, p.1 - 18, 2013.

SANTOS, F. S; PALHETA DA SILVA, J. M; COSTADELLE, N. O passageiro de ferro e a organização territorial em Parauapebas -PA In: Sociedade, espaço e políticas territoriais na Amazônia Paraense. Belém: GAPTA/UFPA, 2013. v.01, p. 279-301.

SILVA, C. N; CASTRO, C. J. N; OLIVEIRA NETO, A; CHAGAS, C; PALHETA DA SILVA, J. M. Práticas de ensino de cartografia no laboratório de análise da informação geográfica (LAIG/UFPA) In: Ensino de Geografia e Representação do Espaço Geográfico. Belém: GAPTA/UFPA, 2014. v.01, p. 119-146.

SILVA, C. N; LIMA, R. A. P. de; PALHETA DA SILVA, J. M. Impactos territoriais de hidrelétricas na Bacia do Rio Araguari (Ferreira Gomes-Amapá-Brasil) In: Territórios, ordenamentos e representações na Amazonia. Belém: GAPTA/UFPA, 2017, v.01, p. 15-33.

SILVA, C. N.; LIMA, R. A. P. de; PALHETA DA SILVA, J. M. (Orgs). Territórios, ordenamentos e representações na Amazônia. Belém: GAPTA/UFPA, 2017. v.01. p.442.

SILVA, C. N; LIMA, R. S; PALHETA DA SILVA, J. M; LIMA, R. A. .; VILHENA, T. M; MONTEIRO, P. G. B. Estratégias de sobrevivência na Amazônia Paraense: o caso dos moradores do baixo Rio Meruú (Igarapé-Miri/Pará/Brasil). Geosul. v.31, p.151 - 172, 2016.

SILVA, C. N; PALHETA DA SILVA, J. M; CHAGAS, C. A; CASTRO, C. J. N. Qualificação profissional e informação espacial: o Laboratório de Análise da Informação Geográfica (LAIG) em atividades de capacitação In: Geografia, Gestão e Segurança Ambiental. Belém: GAPTA/UFPA, 2014, v.01, p. 11-26.

SILVA, C. N; PALHETA DA SILVA, J. M; CHAGAS, Clay.(Orgs). Geografia na Amazônia Paraense: territórios e paisagens. Belém: GAPTA/UFPA, 2015.

SILVA, C. N; PALHETA DA SILVA, J. M; LIMA, J. B; SOUSA, H. P. "Progresso" tecnológico e mudanças no modo de vida ribeirinho (Amazônia paraense – Brasil): um breve debate. Revista Sodebras. v.10, p.44 - 47, 2015.

SILVA, C. N; PALHETA DA SILVA, J. M; ROCHA, G. M; BORDALO, C. A. (Orgs). Produção do Espaço e

Territorialidade na Amazônia Paraense: elementos para a análise geográfica. Belém: GAPTA/UFPA, 2016.

SILVA, C. N; PALHETA DA SILVA, J. M. (Orgs). Anais do II ciclo de palestras e debates do GAPTA. Belem: GAPTA/UFPA, 2017. v.01. p.94.

SILVA, C. N; PALHETA DA SILVA, J. M. O Cadastro Territorial Multifinalitário (CTM) como instrumento de planejamento e gestão municipal In: Município e Território. Belém: UFPA, 2011. v.01, p. 179-200.

SILVA, C. N; PALHETA DA SILVA, J. M. Território. Brasil em números. v.26, p.47 - 66, 2018.

SILVA, C. N; PALHETA DA SILVA, J. M; CHAGAS, C. Mecanismo de configuração territorial de pescadores artesanais do rio Ituquara, Breves, PA In: Pesca e territorialidades: contribuições para a análise espacial da atividade pesqueira. Belém: GAPTA, 2011. v.01, p. 149-165.

SILVA, C. N; PALHETA DA SILVA, J. M; CHAGAS, C. A. (Orgs). Sociedade, espaço e políticas territoriais na Amazônia Paraense. Belém: GAPTA/UFPA, 2013.

SILVA, C. N; PALHETA DA SILVA, J. M; LIMA, J. B; PINON,H.S 'Progresso' tecnológico e mudanças no modo de vida ribeirinho (Amazônia Paraense-Brasil):um Breve Debate. Revista Sodebras. v.10, p.44 - , 2015.

SILVA, C. N; PALHETA DA SILVA, J. M; LIMA, J. B; PINON, H. S. Modo de vida em comunidade ribeirinha na Amazônia paraense. Cadernos de Agroecologia. v.01, p.01 - 10, 2015.

SILVA, C. N; PALHETA DA SILVA, J. M; LIMA, J. B; SOUSA, H. P. Modo de vida em comunidade ribeirinha na Amazônia paraense.. Cadernos de Agroecologia. , v.10, p.1 - 6, 2015.

SILVA, C. N; PORTO, J. L. R; LIMA, R. A. P. de; PALHETA DA SILVA, J. M. Territorialidades pesqueiras em rios do estuário amazônico (Pará/Amapá-Brasil) In: Planejamento, conceitos e desenvolvimento sustentável em bacias hidrográficas: experiências e ações. Belem: GAPTA/UFPA, 2016. v.01, p. 247-276.

SILVA, C. N; REIS, J. F. G; PALHETA DA SILVA, J. M; PORTO, J. L. R; LIMA, R. A. P. Uso do território e implicações socioterritoriais da mineração no Município de Barcarena (Pará – Brasil): População, arrecadação e segurança pública. Caracas: Espacios. v.38, p.24 - 44, 2017.

SILVA, C. N; VILHENA, T. M; PALHETA DA SILVA, J. M; LIMA, R. A. P; SOUSA, H. P; BARRA, J. Territorialidades e estratégias de sobrevivência de populações amazônidas no rio Acaraqui (Abaetetuba-Amazônia-Brasil). Interespaço: Revista de Geografia e Interdisciplinaridade. v.4, p.8 - 31, 2018.

SILVA, C.N.; LIMA, R.S.; SILVA, J.M.P. 'Principles of human geography' revisited, by Paul Vidal de la Blache. Revista Geoamazônia. v.3, p.141 - 154, 2015.

SILVA, C. N. DA; PALHETA, J. M; CHAGAS, C. N. The Territorial-environmental perception in fishing zones (Amazon Region, Brazil). Oalib Journal. , v.01, p.1 - 6, 2014.

SILVA, C. N; PALHETA, J. M; CHAGAS, C. N; CASTRO, C. J. N. The cartography and the spatial representations: search by perfect map. Journal of Geographic Information System. v.06, p.624 - 635, 2014.

SILVA, C. N; PAULA, C; PALHETA, J. M. (Orgs). Produção espacial e dinâmicas socioambientais no Brasil setentrional. Belém: GAPTA/UFPA, 2019, v.01. p.524.

SILVA, J. M. P.; PALHETA DA SILVA, J. M. Impressões do Passageiro de Ferro: Reflexões de Um Viajante In: 10 Anos da estrada de Ferro Carajás. Belém: UFPA, 1997.

SILVA, J.M.P; MEDEIROS, G.R.N; CHAGAS, C.A.N. Geografia e mineração no Pará. Revista do Instituto Histórico e Geográfico do Pará. v.1, p.1 - 12, 2014.

PALHETA, J. M; MEDEIROS, G. N. Gestão Territorial em áreas de mineração na Amazônia Paraense In: Gestão Ambiental: abordagens interdisciplinares. Belém: Amazônia Brookshelf, 2016. v.01, p. 79-90.

PALHETA, J. M; SILVA, C. N; CHAGAS, C. N; MEDEIROS, G. N. Geography and mining in Carajás/Pará (Northern Region of Brazil). International Journal of Geosciences. v.05, p.1426 - 1434, 2014.

PALHETA, J. M; SILVA, C. N; CHAGAS, C. N; MEDEIROS, G. N. Territorial planning in the Amazonian mining towns of the State of Para (Brazil). Modern Economy. , v.05, p.1053 - 1063, 2014.

VENTURA, Zuenir. *1968 o Ano que não Terminou*. Rio de Janeiro: Nova Fronteira, 1988.